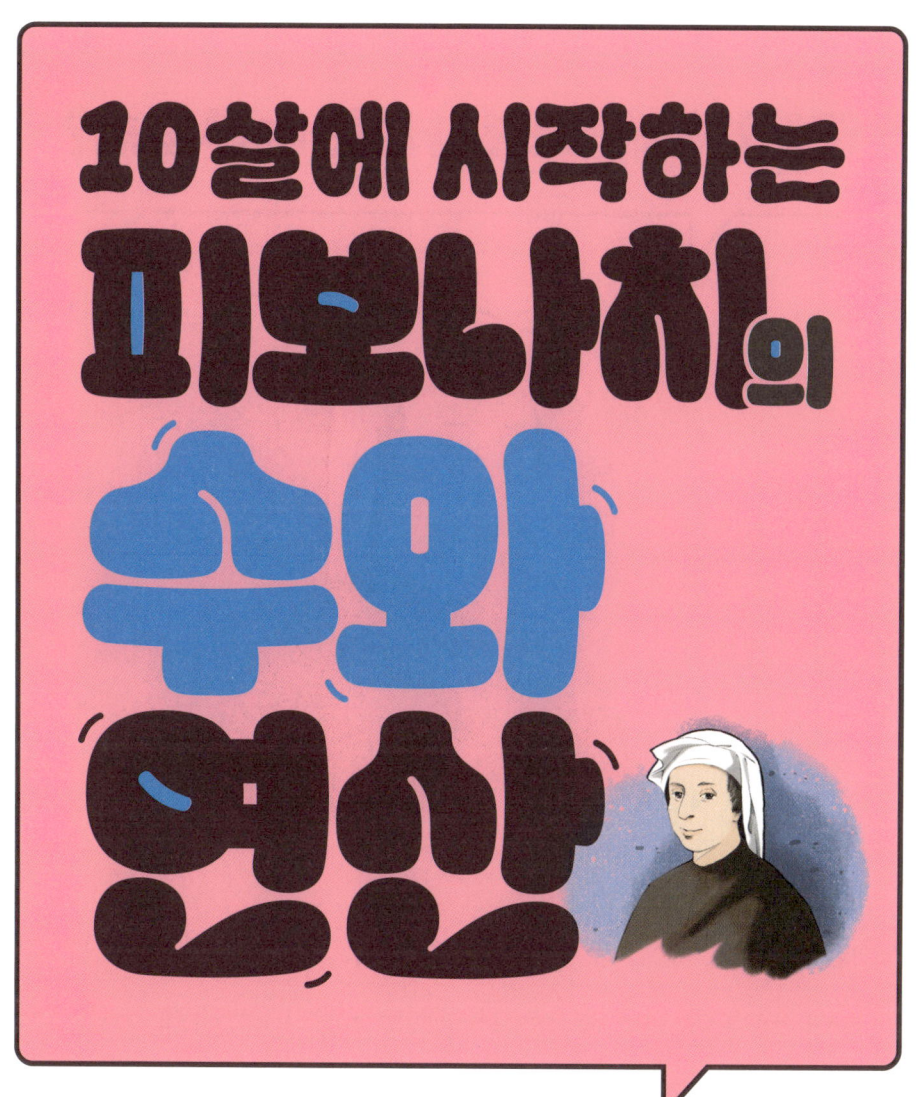

정완상 지음

자음과모음

## 레오나르도 피보나치는 누구일까?

유럽의 역사에서 중세 시대는 로마 제국의 역사와 관계있다. 로마 제국은 기원전 27년 아우구스투스에 의해 로마 공화정이 폐지되면서 등장했다.

그런데 395년 로마의 황제 테오도시우스 일세가 죽으면서 로마 제국의 영토를 동쪽과 서쪽으로 나누어 동쪽은 큰아들 아르카디우스에게 통치하게 하고, 서쪽은 작은아들 호노리우

스에게 통치하게 했다. 이렇게 동로마 제국과 서로마 제국이 탄생했다.

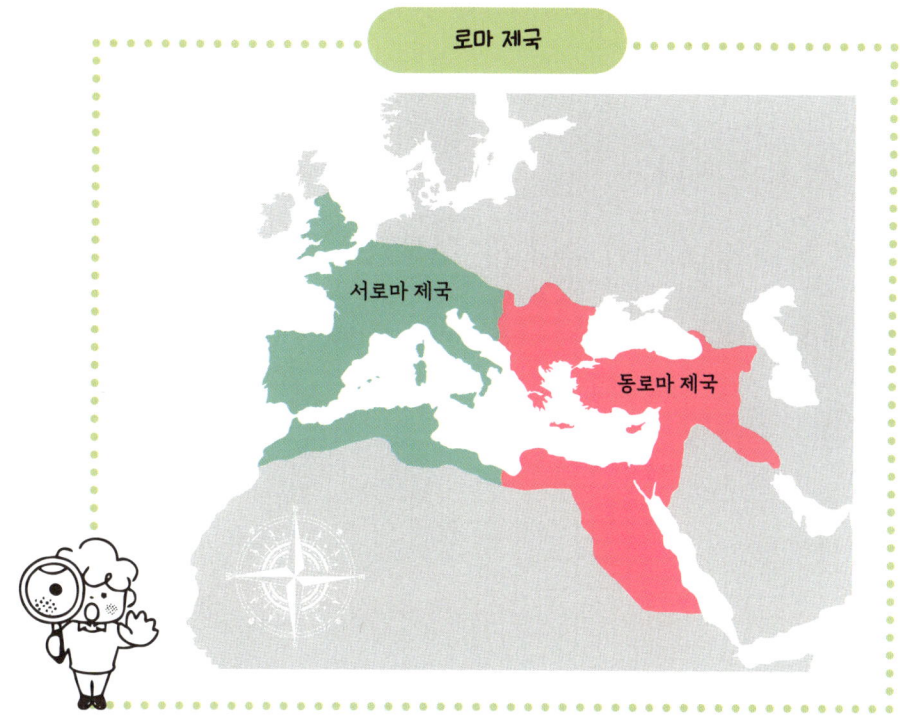

476년 게르만족 용병대 대장인 오도아케르가 서로마 제국의 수도 라벤나를 함락시키고, 서로마 제국 황제 로물루스 아우구스툴루스가 폐위되면서 서로마 제국은 멸망했다.

그리고 그로부터 약 1000년 후인 1453년 5월 29일 동로마 제국의 수도인 콘스탄티노플(현재의 이스탄불)이 오스만 제국에 의해 함락되면서 로마 제국은 완전히 멸망한다.

유럽의 역사에서 서로마 제국이 멸망한 476년부터 동로마 제국이 멸망한 1453년까지를 중세 시대라고 부른다. 이때 유럽의 수학이나 과학에 큰 발전이 없었기 때문에 이 시기를 암흑기라고 부른다.

이 암흑기 시대에 최초의 수학적인 업적을 낸 수학자가 바로 레오나르도 피보나치(Leonardo Fibonacci, 1170~1250?)다.

# 피보나치와 『셈의 규칙』

피보나치의 본명에 대해서는 여러 가지 설이 있다. 레오나르도 보나치라는 설도 있고, 피사의 레오나르도라는 설도 있고, 레오나르도 비골로 피사노라는 설도 있다.

피보나치는 자신이 쓴 책에 직접 레오나르도 비골로 피사노라는 서명을 남겼는데, 비골로는 '여행자' 또는 '쓸모 없는 사람'이라는 뜻이다. 피보나치가 워낙 여행을 즐겼기 때문에 비골로라는 말을 썼을 수도 있고, 세상일에는 관심 없고 수에만 빠져 있다는 의미일 수도 있다.

피보나치는 1170년 이탈리아 피사 공화국(Repubblica di Pisa)에서 태어났다. 그때 이탈리아는 통일되지 않았기 때문에 피사 공화국, 제노바 공화국, 피렌체 공화국 등 여러 공화국이 있었다. 피사 공화국은 11세기부터 15세기까지 존재했다.

피보나치의 아버지는 피사 공화국의 상무 장관을 지내다가 1192년에 북아프리카의 부지(현재의 알제리 베자이아)의 세관 책임자가 되었다. 10대 시절을 부지에서 보낸 피보나치는 아버지를 따라 10여 년 동안 이집트, 시칠리아, 그리스, 튀르키예, 시리아 등을 자주 방문하면서 여러 나라의 수학을 접했다.

피보나치는 부지의 이슬람교도를 통해 아라비아 수학을 접했고, 이때 인도 아라비아 숫자를 알게 되었다. 그때 유럽에서는 로마 숫자를 사용하고 있었는데 인도 아라비아 숫자에 비해 로마 숫자로 하는 사칙 연산은 너무나 복잡했다.

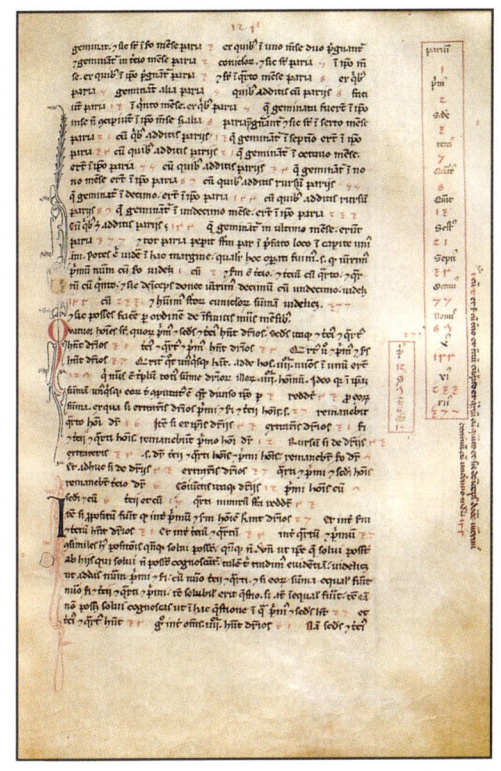

▶ 피보나치의 책 『셈의 규칙』

1202년 고향인 이탈리아로 돌아온 피보나치는 유명한 수학책 『셈의 규칙(Liber abaci)』을 썼다. 산술과 대수학을 다룬 이 책에는 인도 아라비아 숫자의 설명, 일차 방정식과 이차 방정식을 푸는 법, 분수를 계산하는 법 등이 담겨 있다.

하지만 피보나치가 이 책으로 이루어 낸 가장 위대한 업적은 피보나치 수라고 불리는 재미있는 수를 소개한 것이다.

**추천의 글**

# 수학의 쓸모를 깨닫는 책

"왜 불편한 계산법을 그대로 써야 하죠?"

피보나치는 이 단순한 질문에서 시작해 세상을 바꿀 더 나은 방법을 찾아낸 수학자이다. 그의 질문에 들어 있는 뜻은 우리가 수학을 배워야 하는 이유를 명확히 와닿게 한다.

수학은 더 편리하고, 더 정확하고, 더 멀리 갈 수 있는 길을 스스로 발견하는 힘을 기르는 학문이다. 그런 의미에서 중세 유럽을 숫자의 세계로 이끈 그의 혁신적인 책 『셈의 규칙』을 아이들의 눈높이로 풀어낸 『10살에 시작하는 피보나치의 수와 연산』은 초등 어린이 독자들을 수학의 세계로 안내하는 아주 특별한 책이다.

이 책은 단순히 인도 아라비아 숫자의 위대함을 말하거나 피보나치 수열이 무엇인지를 설명하는 것에 그치지 않고 '숫자의 필요성'에 대한 질문으로 시작해 숫자와 계산법이 어떻게 세상을 바꾸었는지를 흥미진진하게 보여 준다. 그 과정에서 문제를 해결하며 규칙을 발견하는 뿌듯함까지 선사한다. 수학 애호가들이 입을 모아 말하는, 수학을 좋아하게 되는 '진짜 경험'을 함께 하게 만든다.

무엇보다 인상 깊었던 건, 책 속 대화를 따라가며 수학 마술, 생활 속 거리 문제, 상인들의 거래 계산까지 다양한 실전 예시를 푸는 동안 아이들이 "수학은 문제를 푸는 기술이 아니라 세상의 규칙을 알아내는 힘"이라는 것을 깨닫는다는 점이다.

이 책을 읽은 아이들은 단지 계산만 잘하게 되는 것이 아니라 '왜 이 방식이 더 나은가?'를 고민하고 '수학이 정말 쓸모 있는 것'이라는 감각을 체험할 것이다.

이는 수학에 대한 두려움을 호기심으로 바꾸는 가장 중요한

전환점이 된다.

『10살에 시작하는 피보나치의 수와 연산』은 수학을 공부하는 모든 초등 어린이에게 꼭 권하고 싶은 수학 참고서이다.

주단쌤

### 주단쌤
수학 교육 전문가 / 교집합 수학 교육 연구소 대표

---

교육 전문 유튜브 채널 〈교집합 스튜디오〉를 운영하며 초중고 학생 지도, 20만여 명의 오프라인 학부모 강의, 5만여 명의 학원장 교육 등 폭넓은 경험을 갖춘 교육 전문가.

유튜브, 인스타그램, 네이버 밴드 등을 통해 30만 명 학부모와 직접 소통하며 실질적인 수학 공부법을 전하고 있다. 서울대 및 동 대학원 석사 졸업 후 핀란드 수학 교육 연구, YTN 사이언스 〈수다학〉 등 방송 출연, 전국 지자체 및 도서관 강연 등 다양한 활동을 하고 있다.

저서로 『수학 진짜 잘하는 법을 알려줄게요』 『1일 1페이지로 완성하는 초등 국영수 문해력』 『내신만점 수학 공부법』 등 다수가 있다.

### 저자의 말
## 초등 어린이의 눈높이에 맞춘
## 피보나치의 『셈의 규칙』

　피보나치의 『셈의 규칙』은 서양에서 인도 아라비아 숫자 체계를 설명한 최초의 책이다. 피보나치는 상인들이 로마 숫자로 계산하는 데 어려움을 겪는 것을 보고 이 책을 썼다.
　그래서 이 책에는 무척 많은 계산 문제가 등장하고 상인을 위한 실용적인 수학 문제도 다양하게 실렸다. 그리고 피보나치 수라고 알려진 유명한 수도 이 책에서 처음 소개된다.

　『셈의 규칙』은 로마 숫자와 인도 아라비아 숫자의 차이를 잘 설명해 준다. 또한 덧셈, 뺄셈, 곱셈, 나눗셈에 관한 수많은 예제가 수록되어 있기 때문에 중세 유럽의 많은 학교가 이 책을 수학 교과서로 사용했다.

이 책은 피보나치의 『셈의 규칙』 내용 중 초등학교 3, 4학년 눈높이에 맞는 내용만을 엄선하여 친절하고 재미있게 구성했다. 피보나치가 인도 아라비아 숫자를 유럽에 도입한 이유부터 시작해 『셈의 규칙』에 등장하는 사칙 연산 문제, 상인을 위한 수학 문제와 피보나치 수를 탄생시킨 문제를 다루었다.

또한 독자가 재미있게 수학을 공부할 수 있도록 그림을 이용하여 덧셈, 뺄셈, 곱셈, 나눗셈에 관한 흥미로운 문제를 푸는 방법과 신기한 수학 마술도 선보였다.

『10살에 시작하는 피보나치의 수와 연산』은 이처럼 훌륭한 피보나치의 책을 나이가 어린 초등학생도 읽을 수 있게 하고자 쓴 책이다.

『셈의 규칙』은 초등학교 고학년이나 중·고등학생에게 익숙한 내용을 담고 있다. 그렇기 때문에 초등학생에게 친숙한 수로 바꾸느라 긴 시간이 걸렸지만 이 책을 읽고 즐거워할 초등학생의 얼굴을 떠올리면 힘이 솟구쳐 단숨에 글을 써 내려갈 수 있었다.

수학은 단순히 문제를 풀기 위한 학문이 아니다. 세상의 규칙을 발견하는 즐거움을 느끼는 과목이다. 그러니 이 책을 읽고 독자들이 수학의 재미있는 규칙을 찾을 수 있으면 좋겠다.

이 책이 새로운 수학을 창조하는 수학자가 될 밑거름 역할을 할 것이라고 확신한다.

이 책은 선생님과 학생의 대화로 이루어져 있다. 여기에서 선생님은 피보나치다.

모든 수학 용어는 우리나라의 교과서에 소개된 용어를 사용했다. 따라서 이 책에서 선생님은 피보나치이자 저자 정완상이라고 여겨 주면 마땅할 듯하다.

이 책을 통해 우리나라에서도 '수학계의 노벨상'인 필즈상을 받는 수많은 수학자가 탄생하기를 바란다.

진주에서 정완상

# 차례

레오나르도 피보나치는 누구일까? ······ 4
피보나치와 『셈의 규칙』 ······ 7
추천의 글 — 수학의 쓸모를 깨닫는 책 ······ 10
저자의 말 — 초등 어린이의 눈높이에 맞춘 피보나치의 『셈의 규칙』 ······ 14

## 피보나치의 수와 연산 1. 인도 아라비아 숫자와 기수법

로마 숫자 ······ 22
인도 아라비아 숫자 ······ 34

🔍 더 들여다보기 | 인도 아라비아 숫자의 변화 ······ 46

## 피보나치의 수와 연산 2. 셈의 규칙

덧셈과 뺄셈에 관한 문제 ······ 50
덧셈과 뺄셈의 마술 ······ 68
빠른 곱셈 ······ 72
재미있는 곱셈 문제 ······ 77
곱셈 마술 ······ 83

| | |
|---|---|
| **나눗셈 문제** | 86 |
| **나눗셈 마술** | 98 |
| 🔍 **더 들여다보기** \| 러시아 농부의 곱셈법 | 106 |

## 피보나치의 수와 연산 3. 피보나치수열

| | |
|---|---|
| **수열** | 112 |
| **피보나치수열** | 116 |
| **피보나치수열의 첫 번째 성질** | 125 |
| **피보나치수열의 두 번째 성질** | 128 |
| **피보나치수열의 세 번째 성질** | 134 |
| **자연 속의 피보나치수열** | 137 |
| **피보나치수열로 암호 만들기** | 140 |
| **일상 속의 피보나치수열** | 143 |
| 🔍 **더 들여다보기** \| 피보나치의 다른 업적 | 146 |

· 인도 아라비아 숫자와 기수법 ·

선생님   자! 이제 피보나치의 『셈의 규칙』이라는 책 속으로 들어가 볼까? 이 책에서는 가장 먼저 로마 숫자에 대한 이야기를 소개하고 있어.

학생   로마 숫자가 뭐예요?

선생님   우리가 사용하는 0, 1, 2, 3, 4, 5, 6, 7, 8, 9가 나오기 전에 유럽에서 사용되던 숫자야. 이 숫자는 고대 로마 사람들이 만든 숫자인데 거의 1000년 동안 유럽에서 사용되었어.

학생　1000년 동안이요? 그 숫자는 어떻게 쓰는 거예요?

선생님　로마 숫자로 1, 2, 3을 나타내면 다음과 같아.

$$1=I,\ 2=II,\ 3=III$$

학생　숫자에 따라 막대기 개수를 늘리면 되는군요! 그럼 4는 IIII가 되겠네요.

선생님　그럴 것 같지만, 로마 사람들은 4를 IIII로 나타내는 걸 별로 좋아하지 않았어. 대신에 그들은 5를 나타내는 새로운 기호를 만들었지.

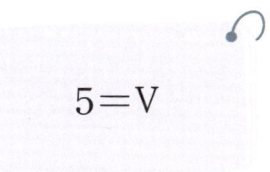

$$5=V$$

학생　왜 하필 V자로 나타낸 걸까요?

선생님　다섯 손가락을 모두 펼치면 아래 그림처럼 브이자 모양이 되기 때문이야.

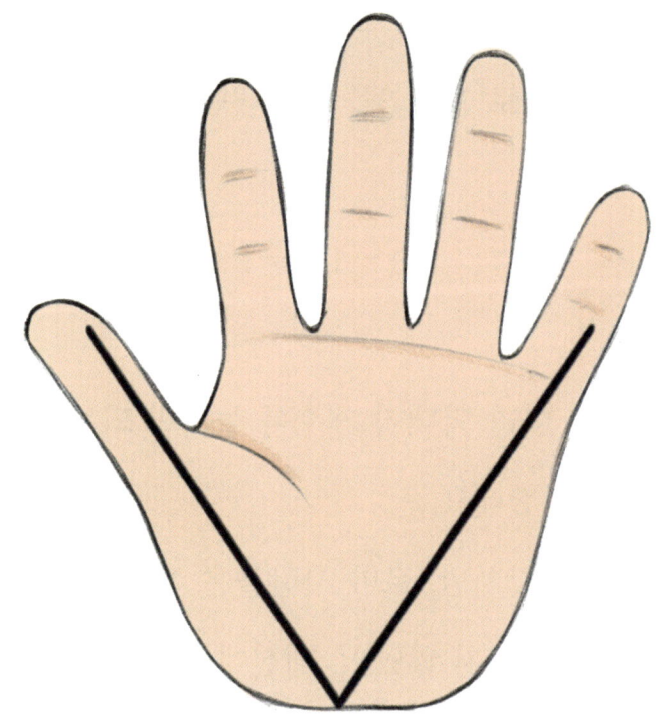

학생   그런데 이렇게 하면 4는 어떻게 표시하죠?

선생님   그래서 로마 사람들은 4를 나타내기 위해 뺄셈의 개념을 가지고 왔어. 4는 5보다 1이 작으니까 5를 나타내는 V 앞에 1을 나타내는 I를 써서 4로 나타냈지.

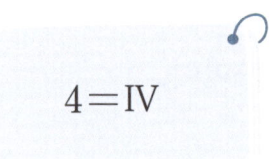

$$4 = IV$$

학생　그럼 6부터는 어떻게 표시해요?

선생님　6은 5 더하기 1, 7은 5 더하기 2, 8은 5 더하기 3이니까 이렇게 나타내면 돼.

$$6 = VI,\ 7 = VII,\ 8 = VIII$$

학생　아하, 그럼 V 앞에 있는 I는 뺄셈으로 계산하고 V 뒤에 나오는 I는 덧셈으로 계산하면 되네요.

선생님　맞아. 하지만 더 큰 숫자를 표기하려면 다시 10을 나타내는 기호가 필요했어.

학생　V를 두 개 붙여서 W로 표시하면 안 되나요?

선생님　그것도 재미있는 생각이구나! 하지만 로마 사람들은 손을 한 번 더 써 보기로 했어.

양손을 펼쳐서 붙이면 이런 모양이 되는데, 이때 손가락 개수가 10이 되니까 10을 X로 나타냈지.

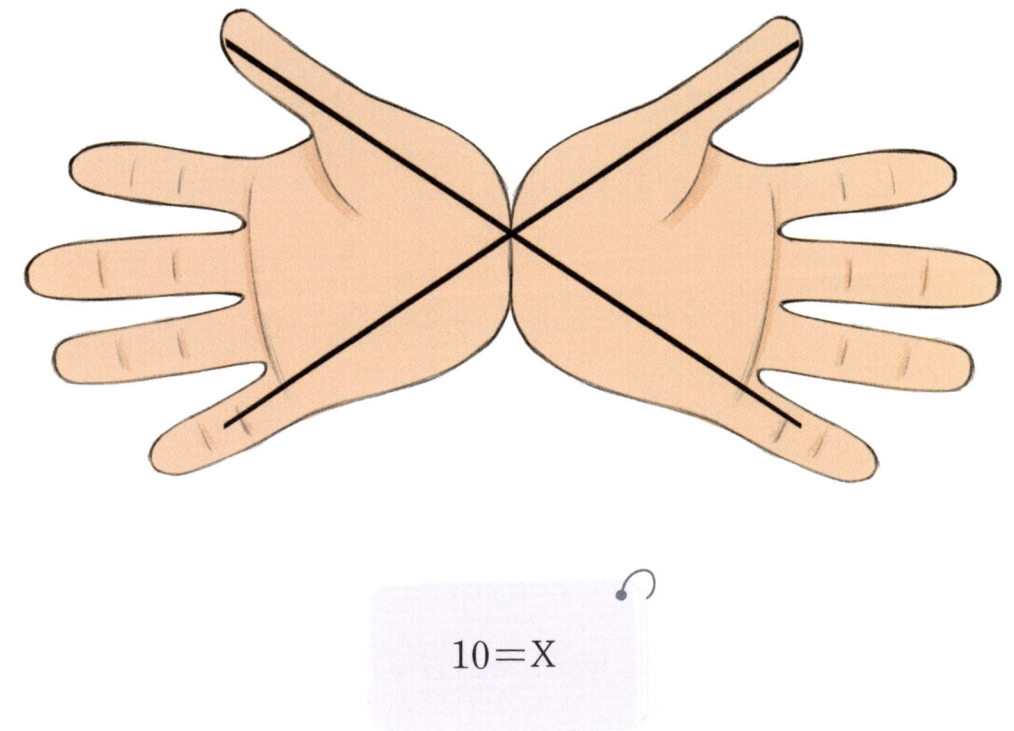

10 = X

그럼 여기서 질문. 9는 어떻게 표시했을까?

**학생** 헤헤, 그거야 간단하죠! 아까처럼 뺄셈을 이용하면 되니까요. X 앞에 I를 하나 붙이면, 10에서 1을 뺀 수, 즉 9를 표시할 수 있어요.

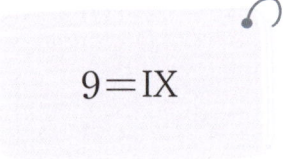

9 = IX

**선생님** 맞았어! 반대로 10보다 큰 수를 표시할 때는 오른쪽에 숫자를 더해 쓰면 되지. 그래서 11부터 14는 다음과 같이 표시했어.

> 11=XI, 12=XII, 13=XIII, 14=XIV

그리고 20은 10+10이니까 XX로 나타냈고 30은 10+10+10이니까 XXX로 나타냈어.

**학생** 으음, 모양이 점점 복잡해지는 것 같아요.

**선생님** 아직 놀라긴 이르지. 29를 로마 숫자로 나타내 볼래?

**학생** 29는 10과 10을 더하고, 거기에 9를 더한 수니까 이렇게 나타낼 수 있어요.

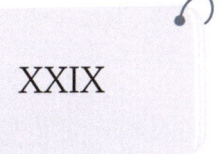

XXIX

**선생님** 맞아. 수가 복잡해지니 로마 사람들은 큰 수를 나타내기 위해 끊임없이 새로운 기호를 만들어야 했지.

예를 들어 40을 나타내려면 50을 나타내는 기호가 필요하고, 90을 나타내려면 100을 나타내는 기호가 필요했지.

**학생** 4를 나타내기 위해서 5를 만들고, 9를 나타내기 위해 10을 만든 것처럼 말이죠?

**선생님** 바로 그거야. 그래서 로마 사람들은 50을 이렇게 나타냈어.

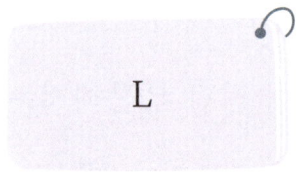

그러니까 40은 50에서 10을 뺐다는 의미인 XL이 되고, 60은 50에서 10을 더해 LX가 되지. 또한 100은 다음과 같이 나타냈어.

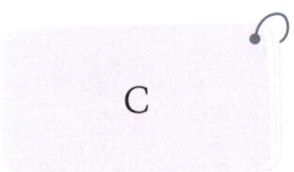

그래서 90은 XC가 되고 110은 CX가 되지.

**학생** 그렇군요! 로마 숫자를 어떻게 쓰는지 확실히 알 것 같아요.

**선생님** 그럼 이번에는 로마 숫자로 덧셈하는 법도 배워 보자. 먼저 로마 숫자로 29와 38을 어떻게 적을까?

**학생** 음, 29는 10 두 개에 9를 더한 수이고, 38은 10 세 개에 8을 더한 수니까 이렇게 쓸 수 있어요.

$$29 = XXIX$$
$$38 = XXXVIII$$

**선생님** 맞아. 피보나치의 책에는 500을 나타내는 D와 1,000을 나타내는 M을 써서 네 자릿수를 표현하는 방법도 나온단다. 쉽게 해석해 볼게.

'로마 숫자로 네 자릿수는 다음과 같은 기호를 사용해 나타낼 수 있다. 예를 들어 이런 식이다.'

> And with four, from one thousand up to ten thousand, and the numbers noted above are shown with figures in the following.
>
> MI    MMXXIII    MMMXXII    MMMXX    MMMMMDC
> 1001    2023    3022    3020    5600

**선생님** 이제 숫자는 잘 쓸 것 같구나.

그럼 29와 38을 더한 값은 어떻게 쓸까?

**학생** 그러면…… X를 다섯 개 쓰고, 그럼 50이니까 L을 써야 하나? 그리고 IX랑 VIII를 더하면……. 선생님, 어려워요!

**선생님** 우리가 아는 덧셈처럼 계산하려니까 헷갈리지? 차근차근 계산해 보자.

우선 아까 네가 막혔던 부분을 살펴보자. 왜 일의 자리 덧셈에서 막힌 거니?

**학생** IX는 10을 기준으로 표시된 숫자인데, VIII는 5를 기준으로 표시한 숫자라서 얼른 계산이 되지 않았어요.

**선생님** 그랬을 거야. 그래서 두 숫자를 쉽게 계산하려면 IX, 즉 9라는 숫자를 V로만 나타내야겠지.

자, 9는 5에 얼마를 더한 수이지?

**학생** 4요!

**선생님** 맞아. 그럼 29와 38은 이런 수식으로 나타낼 수 있어.

$$29 = X+X+V+IV$$
$$38 = X+X+X+V+III$$

**학생** 이제 일의 자리를 계산할 수 있겠네요!

**선생님** 그래. 이제 같은 수끼리 묶어 가며 계산하면 끝이야.

$$29+38$$
$$=(X+X+V+IV)+(X+X+X+V+III)$$
$$=(X+X+X+X+X)+(V+V)+(IV+III)$$
$$=L+X+VII$$
$$=LXVII$$
$$=67$$

이렇게 해서 정답은 67이란 걸 알 수 있단다.

**학생** 인도 아라비아 숫자로 계산하면 십의 자리와 일의 자리끼리만 더해도 금방 끝나는데, 로마 숫자는 너무 복잡한 것 같아요.

**선생님** 맞아. 피보나치도 『셈의 규칙』에서 로마 숫자로 셈을 하

는 것은 아주 불편하다고 했어.

그러면서 인도 수학자들이 만들고 아라비아 사람들이 유럽에 전해 준 인도 아라비아 숫자가 로마 숫자보다 훨씬 편리하니까 이 숫자를 사용하자고 주장했지.

**학생** 피보나치가 아니었으면 수학 시험이 지금보다 훨씬 더 어려웠을 거예요.

# 인도 아라비아 숫자

**학생**    그런데 선생님, 원래는 0, 1, 2, 3 같은 숫자를 그냥 아라비아 숫자라고 하지 않나요?

**선생님**    흔히 그렇게들 부르지만 정식 명칭은 인도 아라비아 숫자란다. 처음 이 숫자를 만든 건 엄연히 인도 사람이니까 말이야.

**학생**    아라비아 숫자로 알고 있었는데, 인도 사람들이 만든 거였군요!

**선생님**    맞아. 고대 인도에서는 사원의 설계나 제단의 측량을 위

해 건물이나 땅의 치수를 재는 측량사가 필요했어. 이 때문에 공간에 관한 학문인 기하학 연구가 활발하게 진행됐지.

다만 기원전 시대의 인도의 수학에 대한 기록은 별로 남아 있지 않아.

술바 수트라스(Shulba Sutras)라는 수학책이 인도에서 가장 오래된 수학책으로 전해 내려오지.

**학생** 얼마나 오래됐어요?

**선생님** 가장 오래된 술바 수트라스는 바우다야나 수트라스로, 기원전 800년경에 쓰였다고 해.

그 밖에 유명한 술바 수트라스로는 마나바 수트라스, 아파스탐바 수트라스, 카트야야나 수트라스, 마이트라야나 수트라스, 바둘라 수트라스 등이 있어.

이런 술바 수트라스에는 삼각형이나 사각형처럼 평면도형에 대한 내용이 많이 담겨 있단다.

**학생** 그럼 인도인들은 기원전 800년 때부터 그 책들로만 공부했나요?

**선생님** 그럴 리가 없지! 시간이 지나고 기원후 6세기에 들어서면서 새로운 인도 수학책들이 등장해.

그 수학책은 싯단타(Siddhanta)라고 불렸고, 파울리사 싯단타, 수리야 싯단타, 바시슈타 싯단타, 파이타마하 싯단타, 로마카 싯단타로 총 다섯 권이야.

하지만 이 중 온전하게 남아 있는 책은 505년에 쓰인 수리야 싯단타뿐이지.

**학생**  싯단타도 평면 도형에 대한 책이었나요?

**선생님**  꼭 그렇지는 않았어. 방금 말한 수리야 싯단타는 태양신에 관한 책으로 천문학에 대한 내용을 담고 있거든.

다만 이 책에는 인도 숫자나 인도 숫자를 계산하는 방법도 소개되어 있지.

**학생**  지금 우리가 계산하는 것 말고도 또 다른 계산법이 있었나요?

**선생님**  그럼! 인도 사람들은 기발한 계산법을 많이 알고 있었단다.

그중에서도 창살 곱셈법이라고 부르는 두 수의 곱셈을 계산하는 독특한 방법이 있었지.

**학생**  창살 곱셈법? 왠지 쉽고 재밌어 보여요. 알려 주세요!

**선생님**  의욕이 대단한걸? 그래, 그럼 56 곱하기 42를 창살 곱셈법으로 계산해 보자.

먼저 두 수를 창틀의 왼쪽과 위쪽에 써 보는 거야. 이때 왼쪽에 쓰는 수는 십의 자리 숫자를 아래에, 일의 자리 숫자를 위에 써야 한단다.

**학생** 이렇게 말이죠?

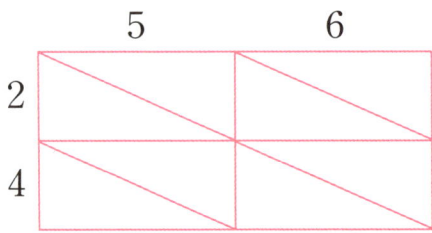

**선생님** 그래, 잘했어. 그리고 왼쪽의 수와 위쪽의 수의 곱을 창살 안에 써 주는 거야.

여기에서 창살 안에 곱셈의 값을 쓸 때는 대각선을 기준으로 십의 자리 숫자를 왼쪽 아래에, 일의 자리 숫자를 오른쪽 위에 써야 해. 이렇게 말이야.

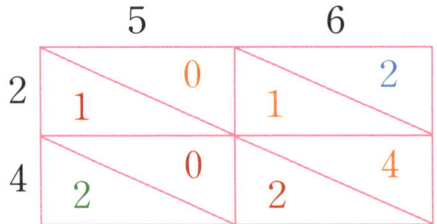

**학생** 첫 번째 칸의 왼쪽 숫자 2와 오른쪽 숫자 5를 곱하면 10이니까 1은 왼쪽 아래에, 0은 오른쪽 위에 쓰셨군요!

다른 칸도 마찬가지고요.

**선생님** 맞아. 이때 같은 대각선에 놓인 수들의 합이 곱셈한 값의 각 자리 수가 돼.

맨 아래에 녹색으로 적은 수가 천의 자리 수인 2가 되고, 그 위에 붉은색으로 적은 수들의 합인 3이 백의 자리 수, 또 그 윗줄에 노란색으로 적은 수들의 합인 5가 십의 자리 수가 돼.

그리고 마지막으로 맨 위에 파란색으로 적은 수 2가 일의 자리 수가 돼. 그래서 56과 42를 곱한 답은 2,352가 된단다.

**학생** 정말 그렇게 간단하게 답이 나온단 말이에요? 계산기로 계산해 봐야겠어요.

$$56 \times 42 = 2352$$

**선생님** 어때, 내 말대로지?

**학생** 진짜네요! 정말 신기해요. 인도 사람들은 천재였나 봐요! 그런데 인도 사람들이 만든 숫자가 어떻게 아라비아 사람들을 통해 유럽에 알려진 거예요?

**선생님** 아라비아는 줄여서 아랍이라고도 하는데, 아라비아 수학의 역사를 이야기하려면 마호메트(Mahomet)와 이슬람의 역사를 조금 알아야 해.

서기 570년경 태어난 마호메트는 아라비아 사막에 살

던 유목민들의 종교적인 지도자로, 이슬람교의 창시자야. 이때부터 아라비아 사람들의 종교는 이슬람교가 되었단다.

마호메트가 죽고 난 뒤 약 120년 후인 750년경에 이슬람 국가는 둘로 나뉘었어. 하나는 모로코를 중심으로 하는 서부 아랍이고 다른 하나는 바그다드를 중심으로 하는 동부 아랍이었지. 이 중에서 동부 아랍이 수학에 더 많은 관심을 보였어.

그런데 641년 이집트의 알렉산드리아가 이슬람 군대에게 함락되면서 고대 그리스 수학의 수많은 자료를 보관하고 있던 알렉산드리아 문고가 화재로 사라졌어.

그러자 아랍인들은 알렉산드리아 문고에 견줄 만한 새로운 도서관과 학교를 만들기 시작했지. 이 일을 처음 시작한 사람이 813년부터 833년까지 이슬람 제국의 칼리프를 한 알마문(Abū al-'Abbās 'Abd Allāh al-Ma'mun)이야.

**학생** 칼리프가 뭐죠?

**선생님** 칼리프란 이슬람교를 지키고 이슬람 공동체를 통치하는 이슬람 제국의 최고 통치자를 말해.

알마문은 바그다드에 '지혜의 집'을 만들어 철학, 과학, 수학에 관한 수많은 고전을 아라비아어로 번역하고 학생들을 가르치게 했어.

그리고 그때 지혜의 집에는 아라비아 최초의 수학자인

# 10살에 시작하는 피보나치의 수와 연산

### - 독후활동지 -

| 날짜 | | 이름 | | 점수 | |
|---|---|---|---|---|---|

❖ 다음 글을 읽고 물음에 답하시오.

## [활동1]  주관식

아라비아 숫자를 로마 숫자로 바꿔 보세요.

1. 3      정답:
2. 7      정답:
3. 9      정답:
4. 12     정답:
5. 20     정답:
6. 49     정답:
7. 50     정답:
8. 73     정답:

## [활동2]  주관식

로마 숫자를 아라비아 숫자로 바꿔 보세요.

9. VI     정답:
10. XIV   정답:
11. XX    정답:
12. XL    정답:
13. LIII  정답:

뒷장으로 이어집니다.

## [활동3] 주관식

본문 74쪽에 나온 빠른 곱셈법을 이용해 아래 문제를 25초 만에 풀어 보세요.

**14.** 83 × 87

정답:

**15.** 92 × 98

정답:

**16.** 28 × 22

정답:

**17.** 51 × 59

정답:

**18.** 65 × 65

정답:

## [활동4] 주관식

본문 124쪽에서 배운 피보나치 『셈의 규칙』의 원문 내용을 복습하며 다음 물음에 답해 봅시다.

A certain man had one pair of rabbits together in a certain enclosed place, and one wishes to know how many are created from the pair in one year when it is the nature of them in a single month to bear another pair, and in the second month those born to bear also.. Because the abovewritten pair in the first month bore, you will double it; there will be two pairs in one month.

**19.** 다음 수가 피보나치수열을 이루도록 ☐ 안에 알맞은 수를 써 보세요.

1, 1, 2, 3, ☐, ☐, ☐, ☐, ……

정답:

**20.** 피보나치수열을 이루는 수 중에서 100보다 작은 짝수는 모두 몇 개일까요?

정답:

**21.** 피보나치수열의 처음 세 수를 보면 첫 번째 수는 홀수, 두 번째 수도 홀수, 세 번째 수는 짝수입니다. 나머지 수를 관찰하며 어떤 규칙이 있는지 찾아보세요.

정답:

콰리즈미(Muḥammad ibn Mūsa al-Khwārizmī)가 있었어. 콰리즈미의 이야기는 별로 알려지지 않았지만, 콰리즈미가 쓴 책 『인도 숫자의 계산법에 관하여(Kitāb al-ḥisāb al-hindī)』라는 책은 아주 유명해.

이 책에서 콰리즈미는 인도의 숫자를 이용한 계산법을 아라비아 사람들에게 소개했어.

**학생** 그럼 콰리즈미가 아라비아 사람들에게 처음으로 인도 숫자를 소개해 준 건가요?

**선생님** 맞아. 인도의 숫자 체계는 0부터 9까지 열 개의 숫자만으로 모든 수를 표시할 수 있지.

또 여러 가지 수의 크기를 쉽게 비교할 수 있다는 점과 덧셈부터 뺄셈, 곱셈, 나눗셈까지도 쉽게 계산할 수 있다는 점에서 로마의 숫자 체계보다 훨씬 편리해.

> The nine Indian figures are:
> 9 8 7 6 5 4 3 2 1.
> With these nine figures, and with the sign o which the Arabs call zephir [1] any number whatsoever is written, as is demonstrated below. A number is a sum of units, or a collection of units, and through the addition of them the numbers increase by steps without end [2].

**선생님** 피보나치도 자신의 책에서 인도 숫자로는 그 어떤 수라도 표현할 수 있다며 감탄했지.

해석해 보면, '수를 나타내는 데 쓰는 9개의 인도 숫자가 있다. 그리고 여기에 0(제피룸)이라는 특별한 숫자가 하나 더 있다.

이 10개의 숫자로 세상 어떤 숫자든지 다 만들 수 있다. 하나의 수는 어떤 숫자들의 합으로 이루어져 있다. 그리고 수끼리 더할수록 끝없이 점점 커진다.'라는 뜻이야.

피보나치는 이렇게 편리한 인도 아라비아 숫자를 모두

|  |  |
|---|---|
|  | 가 사용하기를 바랐어. 로마 숫자는 크기가 커질수록 계산이 복잡해지거든. |
| 학생 | 맞아요. 아까도 계산해 봤지만 로마 숫자로는 계산하기가 너무 어려웠어요. |
| 선생님 | 그렇지? 아라비아 사람들도 너와 비슷한 마음이었을 거야. 게다가 상업이 발달했던 아라비아에서는 셈을 정확하게 하는 것이 중요했어.<br><br>그런데 인도의 숫자를 이용하니 편리하면서도 정확하게 계산할 수 있었어. 그래서 아라비아 사람들은 인도의 숫자를 이용하기 시작했고 이를 유럽의 여러 나라에 소개했지.<br><br>그 바람에 유럽 사람들이 이 숫자를 아라비아 사람들이 만들었다고 잘못 알게 된 거야. |
| 학생 | 수학을 쉽게 만들어 준 건 고맙지만, 제가 인도 사람이었다면 억울했을 것 같아요. |
| 선생님 | 하하, 그럼 인도 사람들을 위해 오늘 배운 내용을 잘 기억해 두렴! |

## 인도 아라비아 숫자의 변화

 인도의 숫자가 처음부터 지금과 같은 모습은 아니었다. 기원후 1세기경 인도 숫자는 1부터 9까지를 위와 같이 나타냈다.

 이때 인도 사람들은 로마의 숫자 체계처럼 10, 20, 30 등이나 100, 200 등을 나타내기 위해 새로운 기호를 사용했다. 하지만 구체적으로 어떤 기호를 사용했는지에 대한 자료는 남아 있지 않다.

　인도 숫자는 4세기 초 굽타 왕조 시대에 들어 굽타 숫자로 변화한다. 굽타 왕조 때 인도 숫자는 그들이 정복한 여러 나라에 전파되었다.

　11세기 초에 인도 숫자는 다음과 같은 모양의 데바나가리 숫자로 바뀌었다. 이때 그전에 없던 숫자인 '0'이 생겨난 것을 볼 수 있다.

· 셈의 규칙 ·

# 덧셈과 뺄셈에 관한 문제

**선생님** 피보나치의 『셈의 규칙』에는 두 자릿수 간의 덧셈을 세로로 푸는 법이 적혀 있어. 이렇게 하면 계산이 훨씬 쉬워진단다.

**학생** 정말요? 어떻게 하는 거예요?

**선생님** 27 더하기 35를 해 보자. 일의 자리는 일의 자리끼리, 십의 자리는 십의 자리끼리 열을 맞춰서 위에서 아래로 나란히 써 줘.

$$\begin{array}{r}27\\+\phantom{0}35\\\hline\end{array}$$

**선생님** 일의 자리인 7과 5를 더하면 12가 나와. 여기서 일의 자리인 2만 남기고 1은 십의 자리로 넘기는 거야. 십의 자리인 2와 3을 더한 뒤 아까 넘긴 1을 더하면 6이 돼. 결국 이 두 수의 덧셈 결과는 62가 된단다.
바로 이 내용이 책에는 이렇게 나와 있어.

> Moreover with any numbers, no matter how many one will wish to add, one writes them in a table according to that which we said before with the multi- plication of numbers, that is the first places of all the numbers that one will wish to add below the first place of the numbers which one placed together for the addition. And the second below the second, and one after the other which follow.

**선생님** 그럼 이제 피보나치의 『셈의 규칙』에 실려 있는 문제를 풀어 볼까? 이 책에는 덧셈, 뺄셈, 곱셈, 나눗셈에 관한 계산 문제가 많단다.

**학생** 많이 어렵지는 않겠죠?

**선생님** 그럼! 원래 책에 수록된 문제의 답은 대부분 복잡한 분수지만, 답이 간단한 자연수가 되도록 선생님이 문제를 조금 바꿨어.

먼저 덧셈과 뺄셈에 관련된 문제를 풀어 볼까?

> 하루에 60cm(센티미터)를 올라가고 그다음 날에는 10cm를 미끄러져 내려오는 달팽이가 있다. 이 달팽이가 깊이 2m(미터)인 우물을 탈출하는 데 며칠이 걸릴까?

**학생** 첫날 60cm 올라가고, 다음날 10cm씩 미끄러진다면 이틀 동안 60에서 10을 뺀 값만큼 올라가는 셈이에요. 즉, 이틀 동안 50cm씩 올라가는 거고요. 그리고 2m는 cm로 바꾸면 200cm죠?

선생님 그래, 맞아.

학생 200cm는 50cm에 4를 곱한 값과 같아요. 그러니까 이틀에 50cm씩 올라가는 달팽이가 200cm를 올라가려면 이틀이 네 번 필요해요.

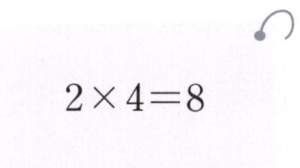

$$2 \times 4 = 8$$

정답은 2에 4를 곱한 8일이에요!

선생님 잘 계산하다 마지막에 아쉽게 틀렸구나. 답은 7일이야.

학생 헉, 왜죠?

선생님 생각해 보렴. 덧셈과 뺄셈을 반복하지 않고 계산을 편하게 하려고 이틀씩 묶어 두었지만, 달팽이는 한 번에 50cm를 올라가는 게 아니야. 올라갔다 내려갔다를 반복하고 있지.

학생 앗! 그렇다면······.

선생님 이제 놓친 부분이 보이니? 6일 동안 달팽이는 50cm의 3배인 1m 50cm를 올라가. 그리고 7일째 되는 날에는 어떻게 될까?

**학생** 60cm를 올라가서 2m인 우물을 넘을 테니까, 우물 밖으로 나가게 돼요.

**선생님** 그렇지. 이미 우물을 나왔는데, 8일째에 다시 우물로 미끄러져 들어갈 필요가 없잖니? 그래서 답은 7일이야.

**학생** 아하! 그렇군요. 마지막까지 꼼꼼히 확인해야겠네요.

**선생님** 그래도 이틀씩 묶어서 계산한 건 정말 좋은 생각이었어. 이번에는 이 문제를 해결해 볼래?

> 7분을 잴 수 있는 모래시계와 11분을 잴 수 있는 모래시계로 계란을 정확하게 15분 동안 삶을 수 있는 방법을 찾아라.

**학생** 7분짜리 모래시계로는 7분이나 14분, 21분을 잴 수 있어요. 그리고 11분짜리 모래시계는 11분, 22분, 33분을 잴 수 있고요. 흠……. 어떻게 더해도 15분을 잴 방법은 없는 것 같은데요.

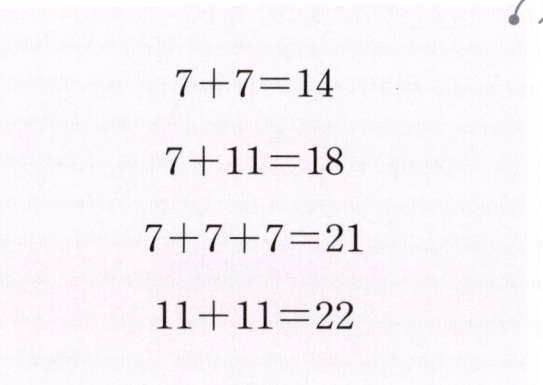

선생님　왜 덧셈만 사용하는 거니? 뺄셈을 사용할 수도 있잖아?

학생　뺄셈이요? 모래시계의 모래는 아래로 내려오기만 하지 다시 거꾸로 올릴 수 없잖아요.

그런데 어떻게 뺄셈을 쓸 수 있는 거예요?

선생님　모래를 거꾸로 올리지 않아도 충분히 가능해.

이 문제는 7과 11이라는 수로 15를 만드는 방법을 찾는 게 중요해.

자, 지금까지 7과 11을 더하기만 했으니 이제 빼 보자. 7과 11의 차는 얼마니?

학생　4예요.

선생님　그럼 4에 11을 더하면 얼마지?

학생    15가 나왔어요! 그럼 11분 모래시계와 7분 모래시계로 4분을 잴 방법을 찾기만 하면 문제를 풀 수 있겠네요.

선생님    바로 그거야. 방금 전 이야기를 식으로 써 볼까?

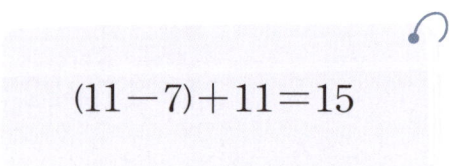

$$(11-7)+11=15$$

이제 $11-7$을 모래시계로 재기만 하면 돼.

학생    어떻게요?

선생님    방법은 간단해. 두 모래시계를 동시에 뒤집는 거야. 그리고 7분 모래시계가 끝날 때까지 기다리는 거지. 7분 모래시계가 끝나면 11분 모래시계의 위쪽에는 얼마만큼의 모래가 남을까?

학생    음……. 11분에서 7분 지났으니까, 4분만큼의 모래가 남아요. 모래시계로도 뺄셈이 됐네요!

선생님    맞아. 그러니까 7분이 지난 순간 끓는 물에 계란을 넣고, 11분 모래시계에 남은 모래가 다 떨어질 때까지 기다리면 4분을 잴 수 있어.

그런 다음 다시 11분 모래시계를 뒤집어 놓는 거야.

**학생**    4분에서 11분이 더 지나면 15분이니까, 계란을 정확히 15분만 삶을 수 있겠네요!

**선생님**    그렇지. 이 문제의 핵심은 7분과 11분짜리 모래시계를 동시에 뒤집어 그 차인 4분을 재는 거야.

이렇게 덧셈과 뺄셈을 잘 섞어 쓰면 안 풀릴 것 같았던 문제들이 술술 풀리지.

**학생**    꼭 기억해 둘게요.

**선생님**    좋은 자세야! 이번에는 다음 문제를 풀어 보자.

> 길이가 얼마인지 모르는 인형을 물에 똑바로 세웠다가 물구나무를 시켰다. 인형을 물 밖으로 꺼내 물에 젖지 않은 부분의 길이를 쟀더니 52cm였다.
> 물의 깊이가 68cm라면 이 인형의 길이는 얼마인가?

**학생** 윽, 도대체 무슨 말인지 잘 모르겠어요.

**선생님** 이럴 때는 그림을 그려 보면 쉬워. 우선 인형이 똑바로 서 있는 그림을 그려 보렴.

이렇게 보면 인형이 물에 젖은 부분이 물의 깊이와 같다는 걸 알 수 있어.

이번에는 인형이 거꾸로 서 있는 그림을 그려 봐.

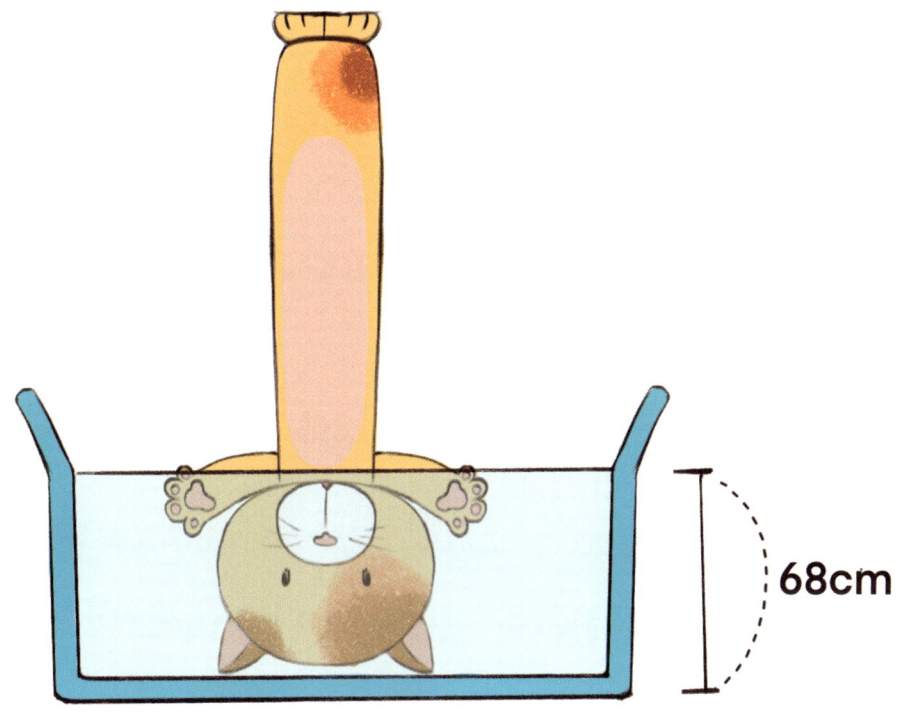

**학생** 이번에 물에 젖은 부분도 물의 깊이와 같네요.

**선생님** 그래. 이제 인형을 밖으로 꺼내면 인형 머리와 아랫부분이 물에 젖어 있을 거야.

문제에서 물에 젖지 않은 부분이 52cm라고 했으니, 인형 머리와 아랫부분을 제외한 가운데 몸통 부분의 길이는 52cm야.

그럼 물에 젖은 부분의 길이는 어떻게 구할까?

**학생** 인형을 물에 넣었을 때 물에 젖은 부분의 길이가 물의 깊이와 같았으니까, 이걸 이용하면 되지 않을까요?

**선생님** 그 말대로야. 인형이 물에 젖은 부분은 똑바로 세웠을 때 물에 잠긴 부분과 거꾸로 섰을 때 물에 잠긴 부분의 합이야.

다시 말해 물의 깊이에 2를 곱한 값이지.

$$\begin{aligned}(\text{인형의 키}) &= (\text{물의 깊이}) \times 2 + (\text{물에 젖지 않은 부분}) \\ &= 68 \times 2 + 52 \\ &= 188 (\text{cm})\end{aligned}$$

따라서 인형의 전체 길이는 188cm가 된단다.

**학생** 그림으로 보니까 문제가 더 쉽게 풀리는 것 같아요.

**선생님** 그렇지? 이번에는 다음 문제를 볼게.

별이는 집에서 3,700m 떨어진 학교를 가려고 집에서 890m까지 갔다가, 왔던 길로 집에서 450m 떨어진 지점까지 되돌아갔다. 그리고 다시 방향을 바꿔 학교로 갔다. 별이가 걸은 거리는 모두 얼마인가?

학생  이것도 복잡하니까 그림을 그려 봐야겠어요. 먼저 별이가 걸어간 길을 그림으로 그려 볼게요.

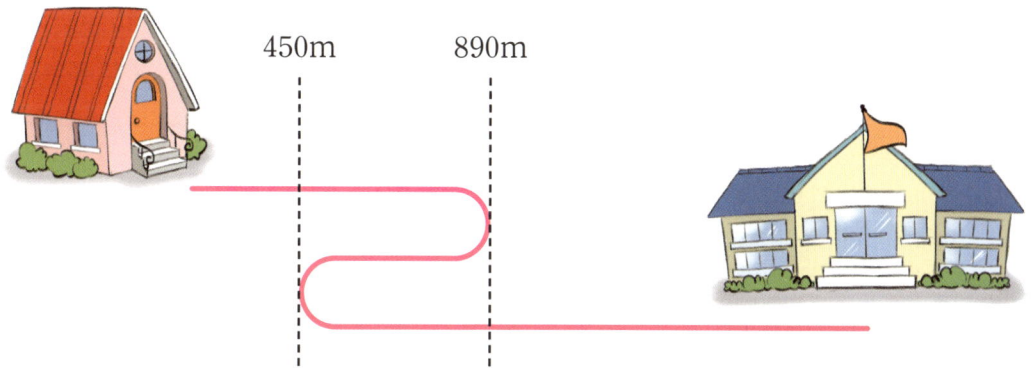

선생님　잘 그렸는걸?

학생　여기서 헷갈리지 않게 중간에 여러 번 오간 길을 끊어서 그려 보면, 이렇게도 그릴 수 있어요.

　이 그림을 보면, 별이가 450m와 890m 사이를 두 번 더 걸었다는 것을 알 수 있어요.

선생님　그럼 두 지점 사이의 거리는 어떻게 구할 수 있을까?

**학생** 890m에서 450m를 빼면 되지요!

$$890 - 450 = 440$$

그러니까 집에서 학교까지의 거리에 440m의 2배를 더 하면 별이가 걸어간 거리가 돼요.

$$3700 + 440 \times 2 = 4580$$

정답은 4,580m예요!

**선생님** 완벽해! 그럼 조금 더 복잡한 문제를 풀어 볼까?

> 다음 그림에서 쿠쿠와 콩알이 사이의 거리는 얼마일까?

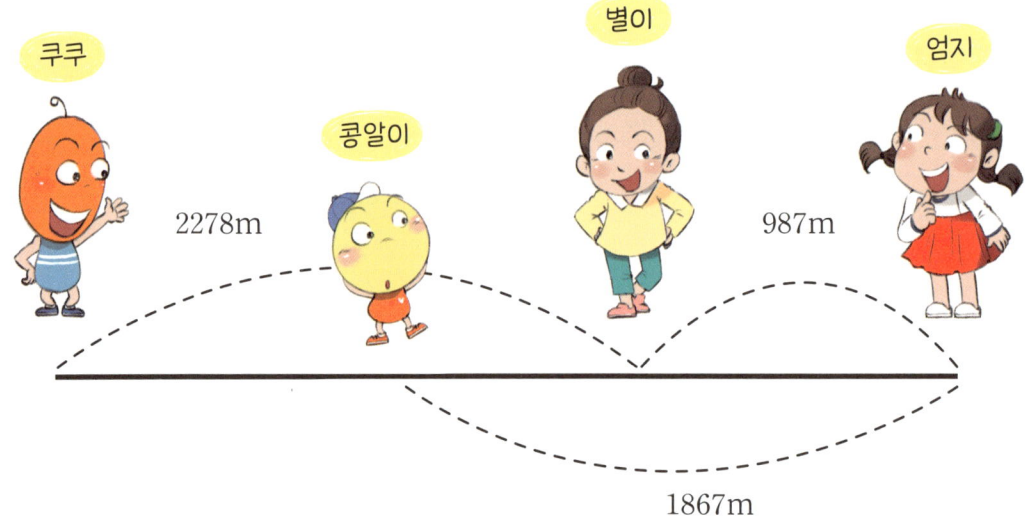

| 학생 | 어려워 보여요. 제가 풀 수 있을까요? |
|---|---|
| 선생님 | 물론이야. 초등학교 3, 4학년만 되어도 충분히 풀 수 있단다. 덧셈과 뺄셈만으로 풀 수 있는 문제거든. 아까 했던 것처럼 차근차근 풀면 돼. |
| 학생 | 그럼 한번 풀어 볼래요! |
| 선생님 | 도전하는 자세 좋은데? |
| | 자, 그럼 쿠쿠와 콩알이 사이의 거리는 전체 거리에서 어떤 거리를 빼야 구할 수 있을까? |
| 학생 | 음……. 알았다! |
| | 콩알이와 엄지 사이의 거리를 빼면 돼요. |

**선생님** 맞았어. 그럼 전체 거리는 쿠쿠와 별이 사이의 거리에 어떤 거리를 더해야 구할 수 있을까?

**학생** 별이와 엄지 사이의 거리요!

**선생님** 그것만 알면 이제 다 된 거란다. 우선 전체 거리를 그림으로 그려 볼게.

네가 말한 대로, 쿠쿠와 별이 사이의 거리 그리고 별이와 엄지 사이의 거리를 쭉 더하는 거야. 그럼 얼마지?

**학생** 쿠쿠와 별이 사이의 거리는 2,278m고, 별이와 엄지 사이의 거리는 987m니까 계산하면 이렇게 돼요.

> (전체 거리) = 2278 + 987 = 3265(m)

전체 거리는 3,265m네요!

**선생님** 맞아. 그리고 쿠쿠와 콩알이 사이의 거리는 전체 거리에서 콩알이와 엄지 사이의 거리를 빼면 구할 수 있다고 했지?

**학생** 맞아요!

**선생님** 방금 전체 거리가 3,265m라고 했고, 콩알이와 엄지 사이의 거리는 1,867m라고 했으니까 이렇게 계산할 수 있겠구나.

$$(쿠쿠와\ 콩알이\ 사이\ 거리)$$
$$=(전체\ 거리)-(콩알이와\ 엄지\ 사이의\ 거리)$$
$$=3265-1867$$
$$=1398(m)$$

따라서 답은 1,398m야. 어때, 생각보다 간단하지?

**학생** 네! 그림으로 보니까 문장으로 쓰인 문제가 쉽고 재밌어졌어요.

**선생님** 하하, 그래서 초등학교 3, 4학년 때는 이렇게 그림을 그려 가며 문제를 풀어 보는 것도 좋은 방법이야. 수학을 좋아하려면 먼저 수학에 재미를 느껴야 하거든.

# 덧셈과 뺄셈의 마술

선생님   이번에는 덧셈과 뺄셈을 이용하는 마술을 알려 줄게. 친구들에게 보여 주면 아마 다들 깜짝 놀랄 거야.

학생   얼른 가르쳐 주세요!

선생님   먼저 친구에게 각 자리의 숫자가 다른 세 자릿수를 아무거나 생각하라고 해.

그리고 그 수를 거꾸로 쓴 수를 만들라고 하는 거야.

학생   그다음은요?

선생님   이제 두 개의 수가 생겼지? 그중 큰 수에서 작은 수를 빼라고 해.

이때 결과가 반드시 세 자릿수여야 해.

학생　세 자릿수가 아니면요?

선생님　그러면 숫자를 다시 선택해야 해.

만약 친구가 425를 생각했다면 두 번째 수는 524가 되고, 524－425＝99로 두 자릿수이니까 다른 숫자를 고르게 해야 한단다.

학생　387을 골랐어요.

선생님　좋아. 이 수를 거꾸로 쓰면 783이지?

큰 수에서 작은 수를 빼면 얼마가 나오니?

학생　387보다 783이 크니까, 783에서 387을 뺄게요.

$$783-387=396$$

선생님　맞아. 그리고 그 값에 396을 거꾸로 쓴 693을 더하면 정답이 나오지.

$$396+693=1089$$

친구가 어떤 수를 선택하든 이 조작을 거치면 결과는 항상 1,089야.

그러니까 이 마술은 반드시 한 번만 해야 하고, 마술을 이미 보여 주었던 친구에게는 다시 하지 말아야 해.

금방 들킬 수 있거든.

**학생** 친구들이 깜짝 놀랄 걸 생각하니 벌써 신나요.

**선생님** 하하, 멋지게 실력 발휘하고 오렴!

이번에는 1부터 9까지의 숫자와 덧셈 뺄셈을 이용해서 100을 만들어 보자.

**학생** 어떻게요?

**선생님** 이렇게 하면 되지.

$$1+2+3-4+5+6+78+9=100$$

또 다른 방법은 다음과 같아.

$$123-4-5-6-7+8-9=100$$

학생    우아, 재미있어요!

기억해 뒀다가 꼭 써먹어 볼게요.

# 빠른 곱셈

**선생님** 덧셈과 뺄셈은 열심히 연습했으니, 이제 곱셈으로 넘어가 볼까?

**학생** 곱셈으로도 마술을 할 수 있어요?

**선생님** 꼭 마술이 아니어도 곱셈은 일상생활에서 많이 쓰여. 예를 들어 똑같은 가격의 물건을 여러 개 살 때 내야 하는 금액은 물건 하나의 가격과 물건 개수를 곱하는 곱셈으로 계산할 수 있지.

그래서 우리가 덧셈과 뺄셈을 배우고 나면 바로 구구단

을 외우는 거야. 구구단을 외워야 좀 더 자릿수가 큰 수들의 곱셈을 계산할 수 있거든.

**학생** 맞아요. 문제를 풀다 보면 구구단이 정말 많이 쓰이더라고요.

**선생님** 말 나온 김에 바로 문제를 풀어 볼까?

똑같은 물건 76개를 사러 가게에 들어갔다고 생각해 보자.

물건 하나의 가격이 74원이라면, 가게 주인에게 얼마를 내야 할까?

**학생** 쉽네요! 74×76을 계산하면 돼요.

$$\begin{array}{r} 74 \\ \times\ 76 \\ \hline 444 \\ 518\phantom{0} \\ \hline 5624 \end{array}$$

그러니까 총 5,624원을 내면 돼요.

**선생님** 잘 계산했어. 그런데 잘 보렴. 74와 76은 십의 자리 숫자가 똑같지?

**학생** 네.

**선생님** 그리고 두 수의 일의 자리 수를 더하면 얼마니?

**학생** 10이네요.

**선생님** 십의 자리 수가 같고, 일의 자리 수끼리 합이 10인 두 수의 곱셈은 1초 만에 암산으로 계산할 수 있어.

**학생** 정말요? 어떻게요?

**선생님** 간단해. 십의 자리 수인 7과 7에 1을 더한 수인 8의 곱인 56을 앞에 쓰고, 일의 자리끼리 곱한 수 24를 뒤에 쓰면 그게 답이야.

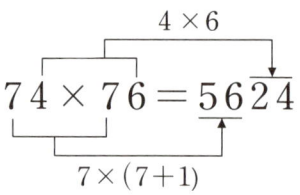

**학생** 이렇게 간단하게 계산할 수 있다니 믿기지 않아요.

**선생님** 이번에는 일의 자리 수끼리 합이 10이 아닐 때 쓸 수 있는 빠른 곱셈법을 알려 줄게.

다음 식을 봐.

$$93 \times 96$$

두 수의 십의 자리 숫자는 뭐지?

**학생**  9예요.

**선생님**  일의 자리 숫자의 합은?

**학생**  9예요.

**선생님**  일의 자리 숫자의 합이 10이 아니지?

하지만 이렇게 십의 자리 수가 9로 같을 때는 다른 방식으로 빠르게 곱셈을 할 수 있어.

먼저 100에서 93과 96을 각각 뺀 값을 두 수 아래에 적어 봐.

**학생**  100에서 93을 빼면 7이고, 100에서 96을 빼면 4니까 이렇게 쓸 수 있겠네요.

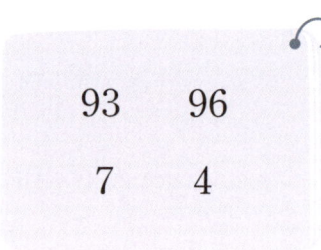

**선생님** 자, 이제 윗줄의 수에서 대각선 방향에 놓인 수끼리 뺀 값을 구해 보자. 그러니까 93-4와 96-7, 두 뺄셈의 답을 구하는 거지.

**학생** 93에서 4를 빼면 89, 96에서 7을 빼면 89니까……. 앗, 선생님! 값이 똑같이 나오는데, 우연인가요?

**선생님** 아니야. 신기하게도 두 뺄셈의 값은 항상 같아. 이 경우는 89가 되지.

이때 93×96의 답은 89 다음에 7×4=28을 붙인 8,928이야.

**학생** 엄청나게 간단하네요!

**선생님** 그렇지? 이런 좋은 방법을 잊어버리면 아쉬우니까 이따가 수업 끝나고 독후활동지 문제를 꼭 풀어 보렴.

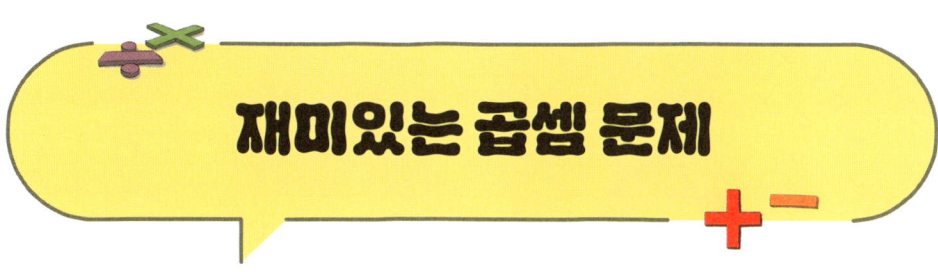

**선생님** 이제 재미있는 곱셈 문제를 풀어 볼까? 다음 문제를 봐.

> 엄지는 매일 아침 달리기를 한다. 엄지가 하루에 4km(킬로미터)씩 달리면 3일 동안 달린 거리는 모두 몇 km인가?

**학생** 12km가 되네요.

**선생님** 맞아. 이번 문제도 그림으로 살펴보자.

엄지가 첫 번째 날에 달린 거리는 다음 그림과 같아.

또 이틀 동안 달린 거리는 다음 그림과 같아.

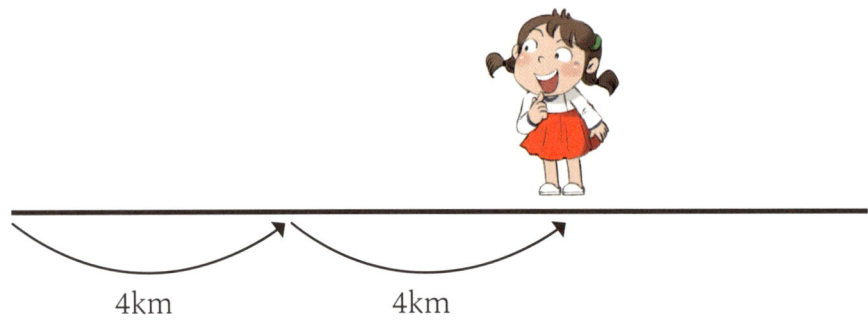

3일 동안 달린 거리는 다음 그림과 같아.

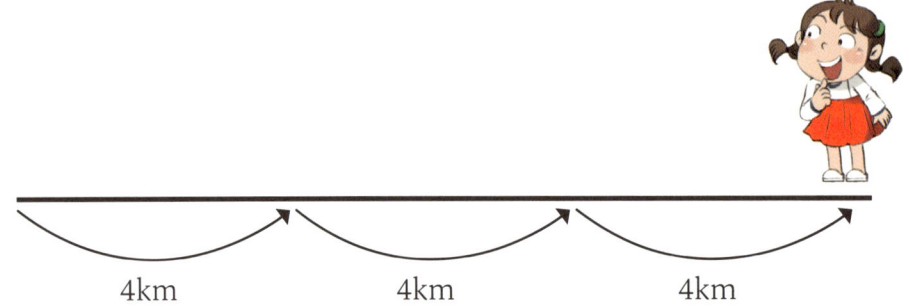

그러니까 엄지가 3일 동안 달린 거리는 4를 세 번 더한 값과 같아. 계산해 볼까?

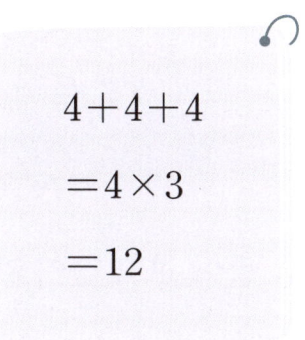

$$4+4+4$$
$$=4\times3$$
$$=12$$

따라서 엄지가 3일 동안 달린 거리는 12km야.

**학생** 곱셈은 같은 수를 여러 번 더한 것과 같군요.

**선생님** 좋은 발견이야! 비슷한 문제를 하나 더 풀어 볼까?

어떤 줄을 2m씩 잘랐더니 6개의 도막이 생겼다. 줄의 길이는 얼마인가?

이 문제는 다음과 같이 그림을 그려서 나타내면 돼.

즉, 2m 길이인 도막이 6개니까 전체 길이는 이렇게 나타낼 수 있지.

$$2 \times 6 = 12 \text{(m)}$$

**학생**    저도 문제를 풀어 보고 싶어요!

**선생님**    좋아. 그럼 하나 더 풀어 볼까?

> 엘리베이터를 타고 1층에서 10층까지 가는 데 18초가 걸렸다. 1층에서 19층까지 올라가는 데는 몇 초가 걸릴까?

**학생**    10층 올라가는 데 18초가 걸리니까, 한 층 올라가는 데에는 1.8초가 걸리네요.

그러니까 19층까지 올라가는 데 걸린 시간은 이렇게 나타낼 수 있어요.

$$1.8 \times 19 = 34.2 (초)$$

**선생님** 아이코, 안타깝지만 틀렸어.

**학생** 헉! 왜죠?

**선생님** 엘리베이터 문제는 아주 조심해야 해. 1층에서 4층으로 올라가는 경우를 그림으로 그리면 다음과 같아.

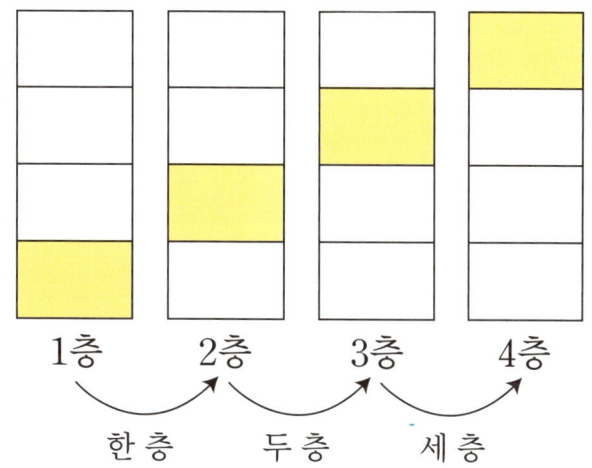

잘 보렴. 몇 층 이동했지?

**학생** 세 층 이동했어요.

선생님   맞아. 그러니까 1층에서 10층까지 가면 총 아홉 층을 이동하는 거야.

그리고 9층을 이동하는 데 걸리는 시간이 18초니까 한 층을 이동하는 데 걸리는 시간은 2초가 되지.

학생   아하! 그럼 19층까지 갈 때는 열여덟 층을 이동하면 되니까 걸린 시간은 2에 18을 곱하면 되네요.

$$2 \times 18 = 36(초)$$

답은 36초예요!

선생님   맞았어. 다음부터는 문제를 잘 읽고 생각해 보렴!

## 곱셈 마술

**선생님** 아까 곱셈으로도 마술을 할 수 있냐고 물었지? 친구들을 깜짝 놀라게 할 곱셈 마술을 보여 줄게.

**학생** 앗싸! 어떻게 하면 돼요?

**선생님** 먼저 친구들에게 스마트폰의 계산기 앱을 켜라고 해. 그다음 친구들에게 세 자릿수 하나를 아무거나 입력하라고 하는 거야.

그리고 ×7, ×11, ×13을 차례로 누른 다음에 스마트폰을 친구에게 받으면, 친구가 어떤 수를 썼는지 알아맞

힐 수 있어.

**학생** 정말요? 계산 기록을 보고 맞히는 거 아니죠?

**선생님** 당연히 아니지. 만일 친구가 237을 처음 입력했다면 ×7, ×11, ×13을 차례로 누른 후 나오는 수가 237,237이 되기 때문이야.

**학생** 친구가 597을 골랐다면, 값이 597,597이 되는 거고요? 이건 제가 계산할 필요도 없는 마술이네요! 내일 학교 가서 써먹어야지.

**선생님** 그래. 다들 어떤 반응이었는지 알려 주렴.

또, 1을 이용해서 재미있는 곱셈식을 만들 수 있어.

$1 \times 1 = 1$

$11 \times 11 = 121$

$111 \times 111 = 12321$

$1111 \times 1111 = 1234321$

$11111 \times 11111 = 123454321$

$111111 \times 111111 = 12345654321$

$1111111 \times 1111111 = 1234567654321$

**학생** 우아! 곱셈식의 답들이 가운데 숫자를 기준으로 양옆으로 대칭을 이루네요!

**선생님** 이게 바로 수학의 신비로움이지.

## 나눗셈 문제

**선생님** 『셈의 규칙』에는 상인들을 위한 수학 문제가 많아. 상인들의 수학에서 아주 중요한 셈이 나눗셈이거든. 이제 문제 몇 개를 다루어 볼게. 다음 문제를 봐.

> 사과가 13개 있다. 한 봉지에 네 개씩 담으면 몇 개의 봉지가 만들어지는가? 그리고 남는 사과는 몇 개인가?
> (단, 사과가 네 개일 때만 봉지에 담는다.)

이 문제는 나눗셈의 뜻을 알려 주는 좋은 문제야.

먼저 사과 13개를 그리고, 사과를 한 봉지에 네 개씩 넣어 봐.

학생     세 봉지를 만들고 한 개가 남네요.

선생님     그렇지? 이 그림이 바로 13을 4로 나누는 나눗셈을 나타내는 그림이야.

즉, 13을 4로 나누면 몫은 3이 되고 나머지는 1이 되지.

이것을 다음과 같이 적어.

$$13 \div 4 = 3 \cdots 1$$

문제를 조금 바꿔 볼까?

네 개씩 묶음으로 파는 인형이 있다.
인형 세 묶음을 사서 4명에게 나누어 주면
한 사람은 몇 개의 인형을 가지게 될까?

**학생** 제가 그림을 그려서 풀어 볼게요.

먼저 인형 세 묶음을 그리면 다음과 같아요.

선생님　좋아. 그런데 이대로라면 네 사람에게 한 묶음씩 나눠 줄 수 없겠지? 그럼 어떻게 해야 할까?

학생　네 사람에게 주려면 세 묶음이 아니라 다른 방법으로 인형을 묶어야 해요.

선생님　그렇지. 그럼 인형을 몇 개씩 묶어야 할까?

학생　일단 묶음을 전부 풀어 볼게요.

이제 12개의 인형을 4명에게 나누어 주면 돼요. 그러면 나눗셈으로는 이렇게 나타낼 수 있어요.

$$12 \div 4 = 3$$

따라서 한 사람이 인형 세 개를 가질 수 있어요.

**선생님** 아주 좋아! 이제 다음 문제를 보자.

> 엄지는 별이보다 9m 앞에 있다. 둘은 동시에 같은 방향으로 출발했다. 이때 엄지는 1초에 2m를 가고 별이는 1초에 5m를 갔다. 엄지와 별이는 출발 후 몇 초 뒤에 만나는가?

**학생** 헉, 보기만 해도 어려워 보여요.

**선생님** 걱정 마. 재미있게 그림을 그리면 풀 수 있어. 먼저 처음 둘의 위치를 그리면 다음과 같아.

그리고 1초 후에 둘의 위치를 그리면 이렇게 되지.

그럼 별이와 엄지 사이의 거리는 어떻게 될까?

**학생** 11에서 5를 빼면 둘 사이의 거리가 나오니까, 엄지가 별이보다 6m 앞에 있어요.

**선생님** 맞아. 이제 2초 후 둘의 위치를 그리면 다음과 같아.

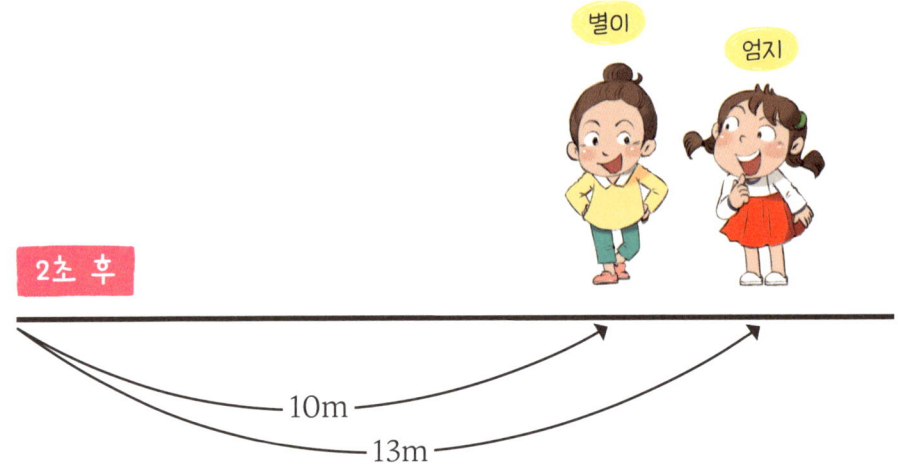

학생     이제는 엄지가 별이보다 3m 앞에 있네요!

선생님    맞아. 13에서 10을 빼면 3이니까 말이야. 이제 3초 후 둘의 위치를 그리면 다음과 같아.

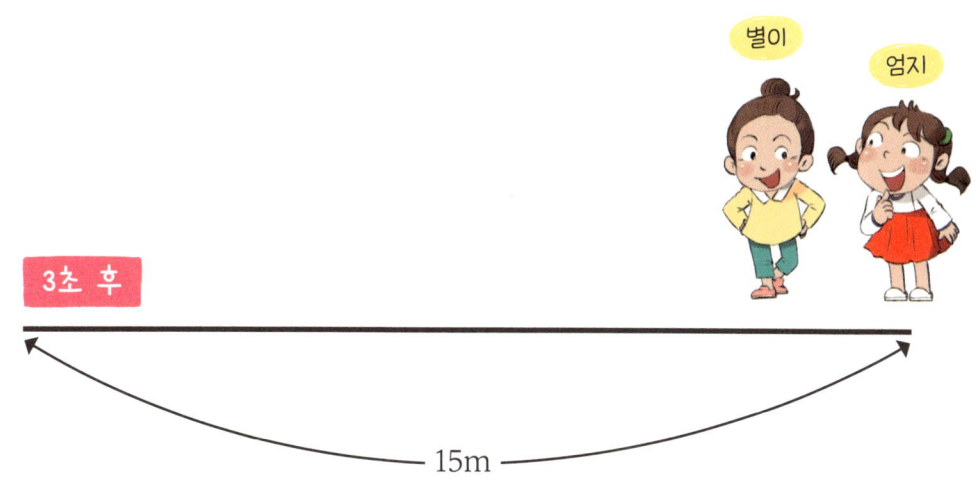

학생     우아, 둘이 만났어요!

선생님    맞아. 둘 사이의 거리가 0이라는 뜻이지.

학생     그런데 선생님, 그림을 꼭 그려야 하나요?

선생님    처음 공부할 때는 그림을 그려 보는 게 좋아.

하지만 익숙해지면 식을 세워 풀 수 있지.

둘이 1초 동안 간 거리의 차이를 식으로 나타내면 이렇게 돼.

$$5-2=3(m)$$

둘이 2초 동안 간 거리의 차이는 둘이 1초 동안 간 거리의 차이의 2배이니까 6m가 되고, 둘이 3초 동안 간 거리의 차이는 둘이 1초 동안 간 거리의 차이의 3배인 9m가 돼.

그러니까 3초가 되면 둘 사이의 거리 차이는 없어지지. 그래서 둘이 만나는 거야. 식으로 쓰면 다음과 같아.

$$\begin{aligned}(둘이\ 만나는\ 시간)&=(처음\ 둘의\ 거리\ 차이)\div(둘이\ 1초\ 동안\ 간\ 거리\ 차이)\\&=9\div3\\&=3(초)\end{aligned}$$

**학생** 그렇군요! 나중에는 그림을 그리지 않고 식으로만 풀어 보고 싶어요.

**선생님**  그때까지 열심히 연습해 보렴!

이번에는 이 문제를 볼까?

> 별이와 엄지는 100m 떨어져 있다. 둘이 서로를 향해 걸어가는데 별이는 1초에 2m를 가고, 엄지는 1초에 3m를 간다. 둘은 몇 초 후에 만나는가?

**학생**  별이는 왼쪽으로 1초에 2m를 가고 엄지는 오른쪽으로 3m를 간다고 하셨죠? 그럼 1초 후에 둘 사이의 거리는 이렇게 나타낼 수 있어요.

$$100 - 5 = 95 \text{(m)}$$

2초 후에는 5에 2를 곱해야 하니까 이렇게 나타낼 수 있지요.

$$100 - 5 \times 2 = 90 \text{(m)}$$

또 3초 후에는 5에 3을 곱하면 이렇게 되고요.

$$100 - 5 \times 3 = 85 \text{(m)}$$

어이구, 이런 식으로 계속 계산하면 되나요?

**선생님** 그러면 시간이 너무 오래 걸려.

대신 이렇게 생각해 보렴.

둘이 1초 동안 움직인 거리의 합이 그만큼 둘 사이의 거리를 좁히잖니?

그렇다면 서로의 거리가 1초에 5m씩 줄어드는 거니까, 식으로는 이렇게 나타낼 수 있어.

$$100 \div 5 = 20(초)$$

그러니까 20초가 지나면 둘이 만날 수 있는 거지.

즉, 20초 후 둘 사이의 거리는 이렇게 돼.

$$100 - 5 \times 20 = 0(m)$$

**학생** 둘 사이의 거리가 0이니까 둘이 만났다는 뜻이군요! 이제 이런 문제를 어떻게 풀어야 하는지 알겠어요.

## 나눗셈 마술

선생님  이번에는 나눗셈을 이용해 백전백승 할 수 있는 게임을 가르쳐 줄까?

학생  좋아요! 이것도 마술 같은 거예요?

선생님  맞아. 이 게임은 반드시 두 사람이 해야 해.

게임 방법은 두 사람이 교대로 1부터 시작해서 하나 또는 두 개의 수를 외치는 거야. 100을 먼저 외치는 사람이 지는 게임이지.

학생  앗, 그러면 운에 달린 거 아니에요?

선생님　그냥 하면 그럴지도 모르지만, 반드시 이기는 방법이 하나 있어.

이 게임에서 이기려면 이렇게만 하면 돼.

> 1. 친구가 먼저 수를 부르게 한다.
> 2. 친구가 하나의 수를 부른다면 두 개의 수를 연달아 부른다.
> 3. 친구가 두 개의 수를 연달아 부른다면 그다음 수를 하나 부른다.
> 4. 이렇게만 하면 무조건 친구가 100을 외치게 된다.

학생　정말 이 방법이 통해요?

선생님　그럼!

예를 들어 친구가 1을 부르면 너는 2, 3을 부르면 돼. 그다음 친구가 4, 5를 부르면 너는 6을 부르는 거야. 이렇게 친구가 부른 수의 개수와 네가 부른 수의 개수의 합이 3이 되기만 하면 돼.

그럼 친구가 어떻게 수를 부르든 간에 네가 이긴단다.

**학생** 어떻게 이런 일이 일어나는 거예요?

**선생님** 잘 생각해 보면 알 수 있단다.

100을 3으로 나누면 나머지가 1이야.

식으로 쓰면 이렇게 되지.

$$100 = 3 \times 33 + 1$$

친구가 수를 하나 부를 때 네가 두 개의 수를 부르고, 친구가 수를 두 개 부를 때 네가 한 개의 수를 불러.

그럼 친구가 부른 수의 개수와 네가 부른 수의 개수의 합이 3이 돼.

즉, 네가 부르는 수 중 마지막 수는 항상 3의 배수가 된단다.

그러니까 이 게임에서 99를 부르는 사람은 바로 너야.

친구는 어쩔 수 없이 100을 외칠 수밖에 없지.

**학생** 그런데 만일 제가 먼저 수를 불러야 하면 어떻게 해요?

선생님    만약 친구가 이 방법을 안다면 친구가 이길 거야.

그런데 친구가 이 방법을 모른다고 생각해 보자.

네가 먼저 1, 2를 외쳤더니 친구가 3, 4를 불렀어. 그럼 100까지 남은 수는 몇 개지?

학생    4까지 불렀으니까 96개예요.

선생님    그런데 96은 3의 배수이지?

그럼 남은 수의 개수가 3으로 나누었을 때 1이 남는 수가 되게 하면 된단다.

3의 배수에서 나머지를 1로 만들려면 어떻게 할까?

학생    3을 빼면 나머지가 없어지고, 1을 빼면 나머지가 2가 되니까…… 2를 빼면 되겠네요!

선생님    바로 그거야! 이때는 5, 6을 외치면 돼.

그럼 이제 남은 수는 94개인데, 94는 3으로 나눈 나머지가 1인 수야.

그때부터 친구가 하나의 수를 부르면 너는 두 개의 수를, 친구가 두 개의 수를 부르면 너는 하나의 수를 외치면 돼.

이런 식으로 하면 100을 외치는 것은 친구 몫이거든.

**학생** 머리만 조금 쓰면 되네요!

좋아요, 내일 당장 친구랑 해 볼래요.

**선생님** 너무 많이 하면 친구가 화낼 수도 있으니, 조금만 하렴.

이번에는 1에서 9까지의 숫자와 덧셈, 뺄셈, 곱셈, 나눗셈을 이용해 100을 만드는 방법을 알려 줄게.

$$1+23\times4+56\div7+8-9=100$$
$$1+234\times5\div6-7-89=100$$

**학생** 잘 묶기만 해도 똑같은 답이 나오다니 신기해요!

**선생님** 여기서 놀라긴 일러!

이번에는 4만 써서 0부터 10까지의 수를 만들어 볼게.

$$44-44=0$$
$$44÷44=1$$
$$4÷4+4÷4=2$$
$$(4+4+4)÷4=3$$
$$4+(4-4)÷4=4$$
$$(4×4+4)÷4=5$$
$$(4+4)÷4+4=6$$
$$44÷4-4=7$$
$$4+4+4-4=8$$
$$4+4+4÷4=9$$
$$(44-4)÷4=10$$

**학생**    선생님, 정말 수학 마술사 같아요!

**선생님**    후후, 이 정도는 기본이지.

이번에는 『셈의 규칙』을 살펴볼까?

> If one will wish to check the division by casting out elevens, then he divides the 574930 by 11; there remains 4 which he keeps for the residue; and he divides the quotient 1021 similarly by 11; there remains 9 which he multiplies by the 2 that remains from the division of the 563 by 11; there will be 18 to which he adds the residue of the remainder number over the fraction, namely 107, which has residue 8, because when 107 is divided by 11, then there remains 8; and thus one will have 26 which when divided by 11 leaves 4 for the residue, as ought remain.

피보나치의 책에는 나눗셈을 검산하는 재미있는 방법이 소개되어 있어.

천천히 함께 풀어 보자.

만약 574,930 나누기 563의 몫이 1,021이고 나머지가 107이 맞는지 확인하고 싶다면, 네 수를 11로 나눈 나머지를 이용해서 검산할 수 있어.

학생     574930 ÷ 11을 하면 나머지가 4가 나와요.

선생님     나머지 4를 잘 기억해 두고, 우선 계산된 몫인 1,021을 11로 나눠 보자.

학생     나머지가 9가 나와요.

선생님     이때 나누는 수인 563을 11로 나누면 나머지가 2야.

이 두 수를 곱하면 $9 \times 2 = 18$이 돼.

이제 남은 건 나머지 107을 11로 나누는 일인데, 계산해 보면 나머지가 8이 나와.

학생     이걸로 어떻게 계산이 맞는지 확인해요?

선생님     하하. 거의 다 왔단다.

이제 18과 8을 더하면 $18 + 8 = 26$이 되고, 26을 11로 나누면 나머지는 4가 돼.

아까 기억해 둔 574,930을 11로 나눈 나머지도 4였지? 그러니까 이 계산은 맞았다는 뜻이야.

학생     우아, 정말 신기해요!

## 러시아 농부의 곱셈법

아주 오래전, 러시아 농부들은 신기한 방법으로 곱셈을 계산했다. 그 방법은 바로 두 수를 곱할 때 한 수는 2로 나누고, 다른 한 수에는 2를 곱한 것이다.

이 계산법을 사용하여 다음을 계산해 보자.

$$32 \times 13$$

먼저 앞의 수인 32의 절반은 16이므로 32는 16으로 바꿔 쓴

다. 그리고 13에는 2를 곱하면 이런 식이 나온다.

$$16 \times 26$$

여기서 16을 2로 나누면 8이고, 26에 2를 곱하면 52이므로 식은 8×52가 된다.

다시 8을 절반으로 나누면 4이고, 52에 2를 곱하면 104이므로 식이 4×104가 된다. 이다음도 똑같은 방법으로 4의 절반인 2, 104의 2배인 208을 이용해 식을 다시 2×208로 바꾼다. 마지막으로 2의 절반은 1이고 208에 2를 곱한 값은 416이다. 이에 따라 식을 적으면 이런 식이 나온다.

$$1 \times 416$$

그러므로 32×13의 답은 416이다. 이 계산법에서는 한 수를 2로 나누는 계산과 다른 수에 2를 곱하는 계산만 쓰이므로,

복잡한 계산을 하지 못하는 사람이라도 차근차근 계산만 하면 쉽게 문제를 풀 수 있다.

러시아 농부들은 곱하는 두 수가 홀수인 경우도 연구했다. 이때는 앞의 수에서 1을 뺀 수를 반으로 나누고, 뒤의 수에 2를 곱했다.

예를 들어 홀수인 19와 17을 곱한다고 생각해 보자.

$$19 \times 17$$

19에서 1을 뺀 수는 18이고, 그것을 절반으로 나누면 9이다. 그리고 17에 2를 곱하면 식은 $9 \times 34$가 된다.

이렇게 계산해 나가다 보면 어떤 때에는 앞에 곱하는 수가 홀수가 될 때도 있고, 짝수가 될 때도 있다.

이때 앞에 곱하는 수가 홀수일 경우, 그 뒤의 수만 빨간색으로 표시한다.

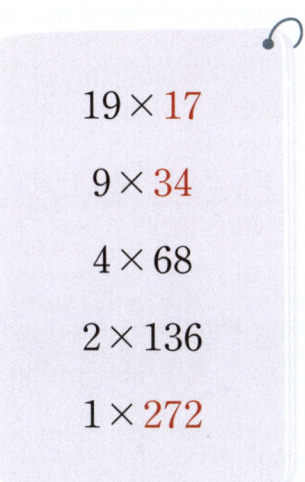

이때 272에 272를 제외한 붉은색 수들을 더하면 그것이 답이다.

$$19 \times 17$$
$$= 272 + 17 + 34$$
$$= 323$$

계산 과정이 늘어나기는 하지만, 주어진 수에서 1을 빼는 계산과 주어진 수를 2로 나누는 계산만 할 수 있다면 누구나 할 수 있는 간단한 계산법이다.

③

· 피보나치수열 ·

선생님 이제 피보나치의 책에서 가장 유명한 피보나치수열을 이야기할 거야.

학생 수열이 뭐죠?

선생님 어떤 규칙에 따라 수가 나열된 것을 수열이라고 불러. 다음 수들을 봐.

1, 4, 7, 10,……

**학생**    앞의 수에 3을 더하면 다음 수가 나오네요.

**선생님**    맞아. 규칙이 있으니까 이 수들은 수열을 이룬다고 말해. 이 수열에는 다음과 같은 규칙이 있지.

> 첫 번째 수＝1
> 두 번째 수＝첫 번째 수＋3
> 세 번째 수＝두 번째 수＋3
> 네 번째 수＝세 번째 수＋3

이번에는 성냥개비로 다음과 같이 정삼각형을 만들어 보자.

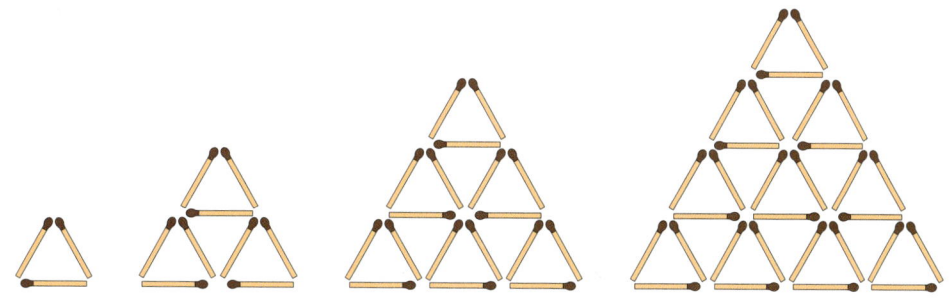

이 삼각형을 만드는 데 사용된 성냥개비의 개수도 수열을 이뤄. 한번 적어 보겠니?

**학생** 규칙을 찾아야겠네요. 우선 성냥개비 개수는 이렇게 정리할 수 있어요.

| 한 변에 사용된 성냥개비 수 | 전체 성냥개비 수 |
|---|---|
| 1 | 3 |
| 2 | 9 |
| 3 | 18 |
| 4 | 30 |

그러니까 필요한 성냥개비의 개수는 이렇게 쓸 수 있겠네요.

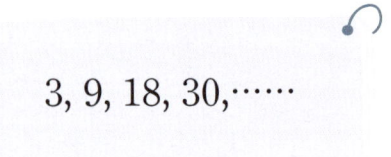

3, 9, 18, 30, ……

**선생님** 규칙이 보이니?

**학생** 으음, 잘 안 보여요.

**선생님** 그럼 선생님이 계산하는 걸 잘 보렴.

$$9-3=6$$
$$18-9=9$$
$$30-18=12$$

**학생** 아하! 앞의 수와 뒤의 수의 차이가 6, 9, 12로 쭉 이어지면서 수열을 이루네요.

**선생님** 맞아. 이렇게 인접한 두 수의 차이로 이루어진 수열을 계차수열이라고 불러.

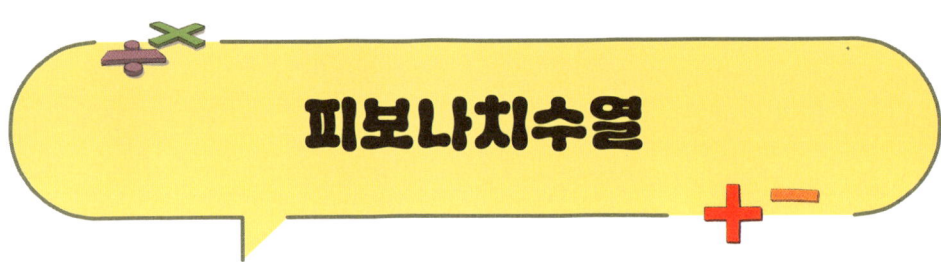

**선생님** 피보나치의 『셈의 규칙』에 나오는 내용 중에서 역사적으로 가장 유명한 것이 피보나치수열이야.

수가 일정한 규칙에 따라 배열된 것을 수열이라고 말해. 피보나치는 다음과 같은 문제를 생각했어.

> 새끼 토끼 한 쌍은 한 달 후 어른 토끼 한 쌍이 된다. 어른 토끼 한 쌍은 한 달마다 새끼 토끼 한 쌍을 낳는다. 갓 태어난 새끼 토끼 한 쌍으로 시작했다고 할 때, 1년 후 토끼는 몇 쌍이 되는가?

**학생**    새끼 토끼 한 쌍이 어른 토끼 한 쌍이 되고, 그 토끼들이 새끼 토끼 한 쌍을 낳고…….

선생님, 조금 복잡한 것 같아요.

**선생님**    걱정 마. 선생님과 천천히 풀어 보자.

처음에 새끼 토끼 한 쌍이 있었지?

처음

그럼 한 달 뒤에는 새끼 토끼들이 어른 토끼가 될 거야. 그렇지?

한 달 후

**학생**    한 달 후에도 토끼는 한 쌍이네요.

**선생님**    맞아. 이제 두 달 후를 볼게.

어른 토끼 한 쌍은 새끼 토끼 한 쌍을 낳으니까 이렇게 될 거야.

두 달 후

학생　　토끼가 두 쌍이 되었네요.

선생님　맞아. 이제 석 달 후로 가 보자.

　　　　이때 새끼 토끼 한 쌍은 어른 토끼 한 쌍이 되고 어른 토끼 한 쌍은 다시 새끼 토끼 한 쌍을 낳으니까 이렇게 되지.

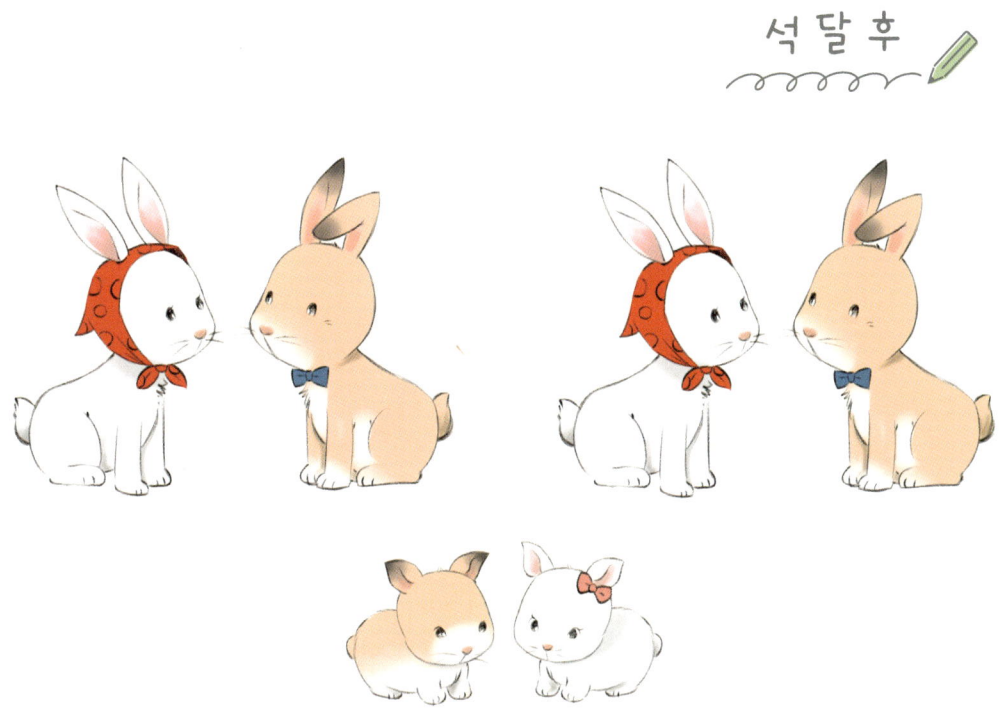

학생　　토끼가 세 쌍이 되었어요!

선생님　이제 넉 달 후 어떻게 되는지 볼까?

새끼 토끼 한 쌍은 어른 토끼 한 쌍이 되고 어른 토끼 한 쌍은 새끼 토끼 한 쌍을 낳으니까 이렇게 돼.

넉 달 후

학생　이번에는 다섯 쌍의 토끼가 되었어요.
　　　그림으로 그려 보지 않았으면 정말 헷갈렸을 것 같아요.
선생님　하하, 그렇지? 시간이 흐르면 토끼는 계속 이렇게 늘어난단다.

처음부터 다섯 달 후까지 정리해 보자.

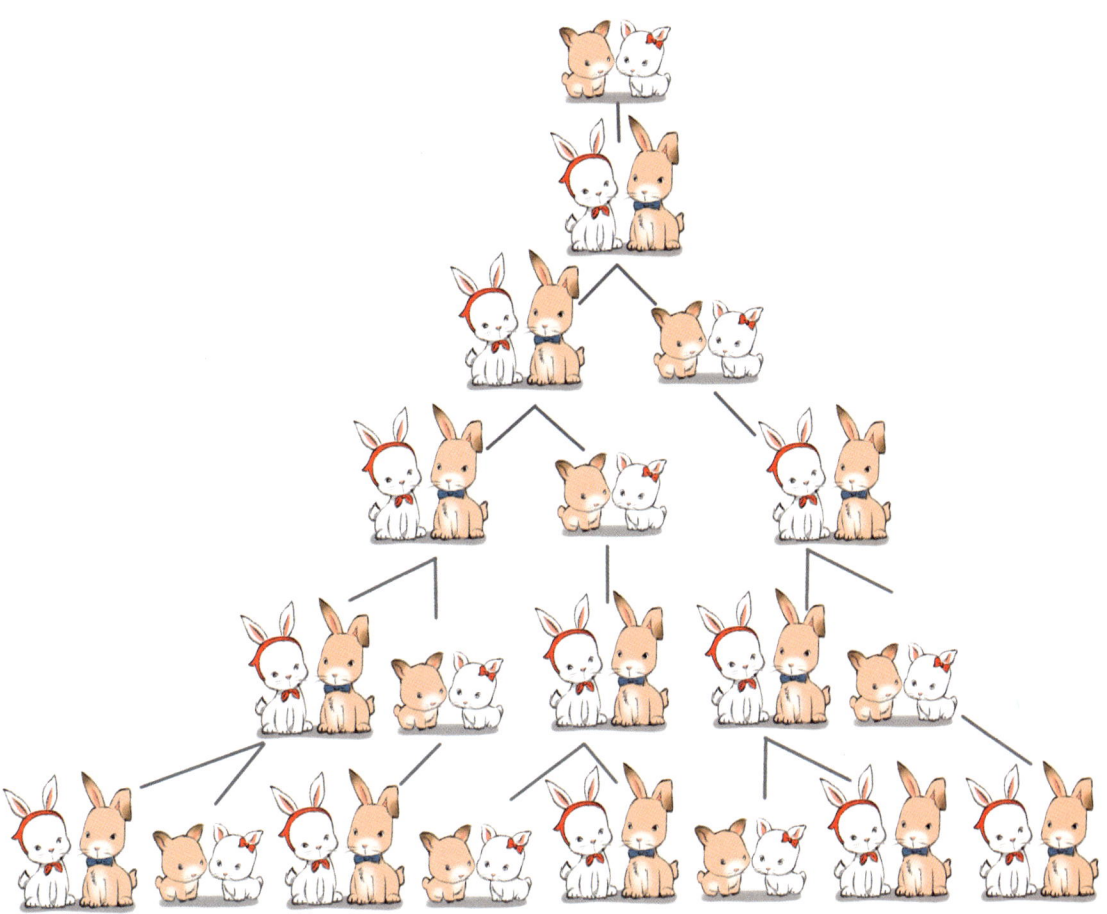

토끼 쌍의 수를 차례대로 쓰면 이런 수열이 나와.

처음: 1

1개월 후: 1

2개월 후: 2

3개월 후: 3

4개월 후: 5

5개월 후: 8

6개월 후: 13

7개월 후: 21

8개월 후: 34

9개월 후: 55

10개월 후: 89

11개월 후: 144

12개월 후: 233

**학생**  수열이라면 규칙이 있어야 하잖아요? 이 수열에는 어떤 규칙이 있죠?

**선생님** 먼저 이 수들을 차례로 써 볼까?

1, 1, 2, 3, 5, 8, 13, 21, 34, 55, 89, 144, 233,………

이 수열을 처음부터 잘 보면, 앞의 두 수를 더하면 그다음 수가 나온다는 걸 알 수 있어. 이렇게 말이야.

$$1+1=2$$
$$1+2=3$$
$$2+3=5$$
$$3+5=8$$
$$5+8=13$$
$$8+13=21$$
$$13+21=34$$
$$21+34=55$$
$$34+55=89$$
$$55+89=144$$
$$89+144=233$$

**학생** 우아! 처음 이 수열을 만든 사람은 어떻게 이런 규칙을 발견해 낸 걸까요? 재미있어요!

> A certain man had one pair of rabbits together in a certain enclosed place, and one wishes to know how many are created from the pair in one year when it is the nature of them in a single month to bear another pair, and in the second month those born to bear also.. Because the abovewritten pair in the first month bore, you will double it; there will be two pairs in one month.

**선생님** 피보나치는 책에서 이 토끼 이야기를 하면서 피보나치수열을 처음 소개했단다.

피보나치수열은 꽃잎의 수나 해바라기 씨의 배열에서도 발견할 수 있어. 이 내용은 뒤에서 더 자세히 설명해 줄게.

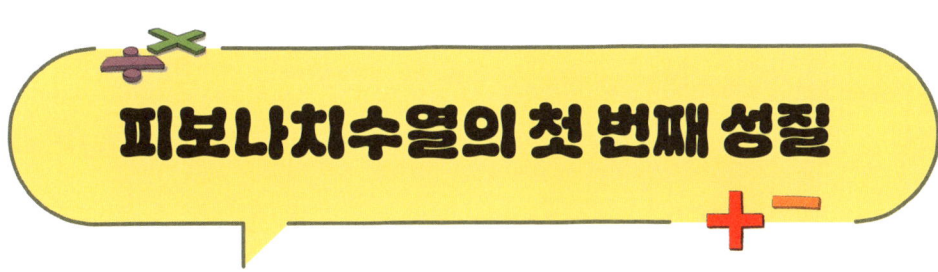

## 피보나치수열의 첫 번째 성질

**선생님** 이제 피보나치수열 중 재미있는 성질을 가진 수열을 공부해 보자.

> 1, 1, 2, 3, 5, 8, 13, 21, 34,……

이 수열의 다섯 번째 수인 5부터 재미난 규칙을 찾을 수 있어.

다섯 번째 수를 세 번째 수로 나눈 몫과 나머지를 구해 보렴.

**학생** 세 번째 수는 2이니까 5를 2로 나누면 몫은 2, 나머지는 1이 돼요.

**선생님** 그럼 여섯 번째 수를 네 번째 수로 나눈 몫과 나머지를 구해 봐.

**학생** 8을 3으로 나누면 몫은 2, 나머지는 2가 되네요!

**선생님** 맞아. 그리고 일곱 번째 수를 다섯 번째 수로 나눈 몫과 나머지를 구해 봐.

**학생** 13을 5로 나누면 몫은 2, 나머지는 3이에요.

**선생님** 자, 그리고 여덟 번째 수를 여섯 번째 수로 나눈 몫과 나머지를 구하면?

**학생** 21을 8로 나누면 몫은 2고, 나머지는 5예요.

선생님, 언제까지 하는 거예요?

**선생님** 이번이 마지막이야.

이제 아홉 번째 수를 일곱 번째 수로 나눈 몫과 나머지를 구해 보렴.

얼마가 나오니?

학생  34를 13으로 나누면 몫은 2, 나머지는 8이 돼요.

선생님  이 계산을 하면 몫이 항상 2가 되지?

학생  앗, 정말 그렇네요?

선생님  그리고 앞에서 계산한 나머지를 차례로 써 보면 이렇게 된단다.

$$1, 2, 3, 5, 8, \cdots\cdots$$

즉, 나머지끼리 다시 피보나치수열을 이루지.

학생  수열에서 다시 수열이 나오다니, 꼭 러시아 전통 인형 마트료시카 같아요!

# 피보나치수열의 두 번째 성질

**선생님** 이번에는 천문학자 카시니(Giovanni Domenico Cassini)가 찾아낸 피보나치수열의 재미있는 성질을 알아보자.

**학생** 카시니는 어떤 사람이죠?

**선생님** 카시니는 제노바 공화국의 페리날도(Perinaldo)에서 태어났어.

1648년 카시니는 볼로냐 근처의 판차노 천문대에서 일하면서 부유한 아마추어 천문학자인 코르넬리오 말바시아 후작과 함께 일했지. 그리고 1650년 카시니는 볼로냐 대학의 천문학 선생님이 되었어.

1652년에는 혜성을 관찰했고, 1665년에서 1667년에 마침내 목성과 화성의 자전 주기를 정확히 관측해 내는 데 성공했지.

**학생** 그렇게 옛날에요?

**선생님** 그렇단다. 1669년에 카시니는 프랑스로 이주했고 프랑스의 루이 14세의 지원을 받아 파리 천문대를 만들어 남은 생애 동안 천문대 책임자로 남아 있었어.

또한 토성의 위성 네 개를 발견했고 토성의 고리를 처음으로 관측했지. 그래서 토성의 고리와 고리 사이의 틈을 '카시니 간극'이라고 부른단다.

이제 카시니가 발견한 피보나치 수의 재미있는 성질을 알아보자.

$$(\text{첫 번째 수}) \times (\text{세 번째 수}) = 1 \times 2 = 2$$
$$(\text{두 번째 수}) \times (\text{두 번째 수}) = 1 \times 1 = 1$$

이렇게 두 식을 세워 놓고 보면 규칙을 발견할 수 있어.

$$(\text{첫 번째 수}) \times (\text{세 번째 수})$$
$$= (\text{두 번째 수}) \times (\text{두 번째 수}) + 1$$

바로 이런 규칙이지.

두 번째 수와 네 번째 수, 세 번째 수 사이에도 같은 규칙이 성립해.

> (두 번째 수)×(네 번째 수)=1×3=3
> 
> (세 번째 수)×(세 번째 수)=2×2=4

이 두 공식의 값은 이렇게 나타낼 수 있지.

> (두 번째 수)×(네 번째 수)
> =(세 번째 수)×(세 번째 수)−1

**학생** 이번에는 뺄셈이 되었네요.

**선생님** 맞아. 한 번 더 해 볼까?

> (세 번째 수)×(다섯 번째 수)=2×5=10
> 
> (네 번째 수)×(네 번째 수)=3×3=9

이렇게 식을 세운 뒤, 두 값의 차가 1임을 이용해 식을 바꾸면 이렇게 나타낼 수 있지.

(세 번째 수) × (다섯 번째 수)
= (네 번째 수) × (네 번째 수) + 1

**학생** 앗, 다시 덧셈으로 바뀌었어요. 그럼 혹시 다음에는 뺄셈이 되나요?

**선생님** 맞아. 하나만 더 해 볼까?

(네 번째 수) × (여섯 번째 수) = 3 × 8 = 24
(다섯 번째 수) × (다섯 번째 수) = 5 × 5 = 25

이걸 바꿔서 쓰면 이렇게 나타낼 수 있어.

(네 번째 수) × (여섯 번째 수)
= (다섯 번째 수) × (다섯 번째 수) − 1

**학생** 다시 뺄셈으로 바뀌었어요!

**선생님** 그래. 이렇게 피보나치수열은 더하기 1과 빼기 1이 번갈아 나타나는 재미있는 관계를 보여 줘.

# 피보나치수열의 세 번째 성질

**선생님** 이번에 소개할 피보나치수열의 세 번째 성질은 프랑스의 수학자 비네(Jacques Philippe Marie Binet)가 발견했어. 피보나치수열의 처음 두 수를 더해 봐.

**학생** 1 더하기 1이니까 2예요.

**선생님** 식으로 나타내면 다음과 같아.

$$1+1=3-1$$

이번에는 피보나치수열의 처음 세 수를 더해 봐.

**학생** 1＋1＋2＝4예요.

**선생님** 이 식은 1＋1＋2＝5－1이라고 쓸 수 있어.

이번에는 피보나치수열의 처음 네 수를 더해 봐.

**학생** 1＋1＋2＋3＝7예요.

**선생님** 방금 한 것처럼 바꿔 보면, 1＋1＋2＋3＝8－1이 돼.

이번에는 피보나치수열의 처음 다섯 수를 더해 봐.

**학생** 1＋1＋2＋3＋5＝12예요!

**선생님** 슬슬 감이 잡히지?

이 식은 1＋1＋2＋3＋5＝13－1이라고 쓰면 돼.

**학생** 선생님, 어떤 규칙이 있는 것 같긴 한데 잘 모르겠어요.

**선생님** 그럴 땐 종이에 적어 놓고 천천히 규칙을 찾아보렴.

그럼 피보나치수열에 있는 재미있는 성질이 보일 거야.

같이 해 볼까?

**학생** 네!

(두 번째 수까지의 합)=(네 번째 수)-1

(세 번째 수까지의 합)=(다섯 번째 수)-1

(네 번째 수까지의 합)=(여섯 번째 수)-1

(다섯 번째 수까지의 합)=(일곱 번째 수)-1

**학생**    아하! 이제 어떤 규칙인지 알겠어요.

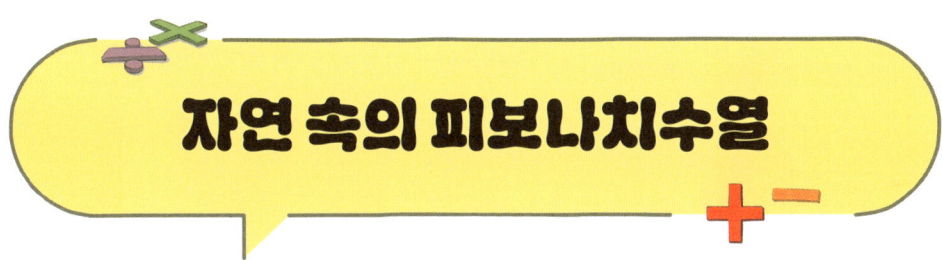

# 자연 속의 피보나치수열

선생님: 피보나치수열을 이용하면 재미있는 도형을 만들 수 있어. 다음 그림과 같이 한 변의 길이가 피보나치 수가 되는 정사각형을 이용하면 아름다운 나선이 만들어진단다.

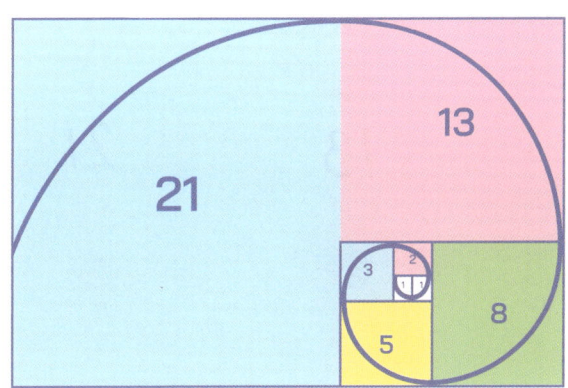

피보나치 수로 만든 나선은 스위스 취리히 중앙역에 그려져 있어.

**학생** 정말 신기해요.

**선생님** 또 신기한 예가 있어. 예외는 있지만 꽃잎의 수가 주로 피보나치 수와 관계된다는 거야. 클로버, 백합, 붓꽃과 아이리스는 일반적으로 꽃잎이 세 개고, 동백과 장미는 5장, 모란과 코스모스는 8장이야.

또 금잔화는 꽃잎이 13장, 치커리는 21장, 질경이와 데이지는 34장, 쑥부쟁이는 55장 혹은 89장인데 이 수들은 피보나치수열을 이루지.

**학생** 왜 그런 거예요?

**선생님** 아쉽게도 그 이유는 밝혀지지 않았어.

그 외에도 해바라기 씨는 시계 방향의 나선형과 시계 반대 방향의 나선형으로 이루어져 있는데, 시계 방향의 나선형이 21개의 배열이면 시계 반대 방향의 배열은 34개이고, 시계 방향이 34개의 배열이면 시계 반대 방향의 배열이 55개로 피보나치수열을 따른다고 해.

# 피보나치수열로 암호 만들기

**선생님** 피보나치수열을 이용해 암호문을 만들 수도 있어.

**학생** 우아! 마치 영화에 나오는 비밀 요원 같아요.

```
엄 마 사 과 랑 등 근 해 가 태 어 나 요
1  2  3  4  5  6  7  8  9  10 11 12 13
```

**학생** 흠, 어떻게 만든 암호죠?

**선생님** 우선 암호문의 글자 밑에 숫자를 써 보렴.

이 중 피보나치수열의 수와 짝 지어진 글자만 남겨 보는 거야.

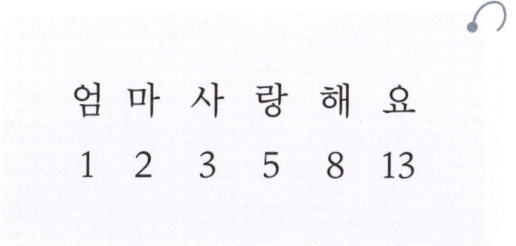

**학생** 아하! 엄마에게 사랑을 표현하는 내용이었네요.

**선생님** 재미있지? 이런 식으로 암호문을 만들 수 있어.

**학생** 저도 이 암호로 편지 쓰고 싶어요! 다음 엄마 생일날 써 먹어 봐야겠어요.

**선생님** 하하! 어머니께서 꽤 당황하시겠는걸?

## 일상 속의 피보나치수열

**선생님** 이번에는 피보나치 직사각형을 그려 볼까?

**학생** 피보나치 직사각형도 있어요? 그건 어떻게 그려요?

**선생님** 먼저 모눈종이를 준비해야 해.

가로 모눈 개수가 34개, 세로 모눈 개수가 21개가 되도록 직사각형 모눈종이를 만들고, 다음과 같이 한 변의 길이가 피보나치 수가 되는 정사각형을 그리면 아름다운 피보나치 사각형이 만들어지지.

**학생**  우아! 이 사각형의 배치대로 그림을 걸어 놔도 예쁠 것 같아요.

**선생님**  좋은 생각이야! 수학을 가까이하다 보면 피보나치처럼 멋진 수학자가 될지도 모르겠구나.

이번에는 피아노 건반 속의 피보나치 수를 찾아볼까?

**학생**  피아노 건반에도 피보나치 수가 있어요?

**선생님**  이 피아노 건반을 보렴.

한 옥타브는 낮은 도에서 높은 도까지를 말해.

그럼 한 옥타브의 건반 수는 몇 개일까?

학생　13개요.

선생님　어때, 피보나치 수가 나왔지?

학생　정말 그렇네요.

선생님　한 옥타브에는 검은 건반 두 개와 검은 건반 세 개가 붙어 있어.

여기서 2와 3은 피보나치 수야.

한 옥타브 속 검은 건반 수는 모두 몇 개지?

학생　다섯 개요.

선생님　5도 피보나치 수야.

한 옥타브 속 흰 건반 수는 몇 개지?

학생　여덟 개요.

선생님　8도 피보나치 수야.

학생　우아! 피아노 건반 속에 피보나치 수가 나타나네요.

내일 음악 시간에 선생님께 알려 드려야겠어요.

## 피보나치의 다른 업적

1220년 피보나치는 『실용 기하학(Practica Geometriae)』이라는 책을 출간했다. 이 책에서 피보나치는 평면 도형의 넓이나 입체도형의 부피를 계산하는 법을 다루었다. 또한 이 책에는 나무의 높이를 구하는 문제처럼 실생활에 적용할 수 있는 기하학 문제가 담겨 있다.

피보나치는 유럽에서 널리 인정받는 수학자였다. 그래서 당시 독일 제국의 왕이자 신성 로마 제국의 황제였던 프레드릭

이세는 피보나치의 수학 실력을 알아보기 위해 수학 문제 시합을 주최했다. 황제의 신하인 요하네스가 문제를 냈고, 피보나치를 포함해 몇몇 수학자가 대회에 참석했다.

이때 다음과 같은 문제가 출제되었다.

$$㉠×㉠+720=㉡×㉡$$
$$㉠×㉠-720=㉢×㉢$$

두 개의 식을 동시에 만족하는 세 자연수 ㉠, ㉡, ㉢을 구하라.

놀랍게도 피보나치는 오로지 암산만으로 이 세 가지 자연수를 빠르게 찾아냈다.

피보나치가 찾은 답은 다음과 같았다.

$$41×41+720=49×49$$
$$41×41-720=31×31$$

이 문제를 풀어 시합에서 우승한 피보나치는 자세한 풀이를 자신의 저서 『꽃(Flos)』이라는 책에 수록했다.

그 풀이를 자세히 살펴보면 다음과 같다.

먼저 피보나치는 720이라는 수를 두 수의 곱으로 나타내려 했다. 그러다가 $720 = 90 \times 8$이라는 식을 발견했다.

이번에는 90과 8을 두 수의 덧셈 뺄셈으로 표현해 보았다.

$$90 = 49 + 41$$
$$8 = 49 - 41$$

두 수의 덧셈 뺄셈으로 나타낸 식을 원래의 식에 넣으면 아래와 같은 식이 만들어진다.

$$90 \times 8 = (49 + 41) \times (49 - 41)$$

이 식을 맨 처음 식에 넣고 41×41을 왼쪽으로 이동하면 피보나치가 제출한 첫 번째 답이 나온다. 두 번째 식도 같은 방법으로 계산한다.

$$720 = 49 \times 49 - 41 \times 41$$
$$41 \times 41 + 720 = 49 \times 49$$

**10살에 시작하는 피보나치의 수와 연산**

ⓒ 정완상, 2025

초판 1쇄 인쇄일 2025년 8월 12일
초판 1쇄 발행일 2025년 8월 26일

지은이   정완상
그린이   김옥희
펴낸이   정은영

책임편집   유지서 윤가영
크로스교정  장새롬
편집      우소연 전욱진 이주연
디자인    책은우주다 강우정
마케팅    최금순 이언영 연병선 송의정 김정윤
제작      홍동근

펴낸곳    (주)자음과모음
출판등록  2001년 11월 28일 제2001-000259호
주소      10881 경기도 파주시 회동길 325-20
전화      편집부 (02)324-2347, 경영지원부 (02)325-6047
팩스      편집부 (02)324-2348, 경영지원부 (02)2648-1311
이메일    jamoteen@jamobook.com

ISBN  978-89-544-5359-2  74410
      978-89-544-5257-1 (세트)

잘못된 책은 구매처에서 교환해 드립니다.
저자와의 협의하에 인지는 붙이지 않습니다.